하늘 영화로
하늘을 보다

하늘 영화로
하늘을 보다

초판 1쇄 발행 2024. 7. 11.

지은이 김훈
펴낸이 김병호
펴낸곳 주식회사 바른북스

편집진행 박하연
디자인 양헌경

등록 2019년 4월 3일 제2019-000040호
주소 서울시 성동구 연무장5길 9-16, 301호 (성수동2가, 블루스톤타워)
대표전화 070-7857-9719 | **경영지원** 02-3409-9719 | **팩스** 070-7610-9820

•바른북스는 여러분의 다양한 아이디어와 원고 투고를 설레는 마음으로 기다리고 있습니다.

이메일 barunbooks21@naver.com | **원고투고** barunbooks21@naver.com
홈페이지 www.barunbooks.com | **공식 블로그** blog.naver.com/barunbooks7
공식 포스트 post.naver.com/barunbooks7 | **페이스북** facebook.com/barunbooks7

항공우주 영화의
시간 여행

하늘 영화로
하늘을 보다

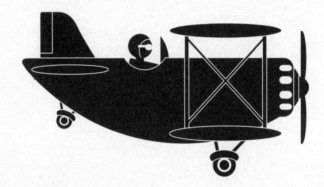

김 훈 지음

'할리우드 키드'가 예비역 전투 조종사가 되어 쓴 글

그날 한국전쟁 고아의 아버지 헤스 대령의
사랑스러운 눈빛과 손의 떨림을 지금도 잊을 수 없다.

바른북스

할리우드 키드의 생애

필자는 주말이 되면 서울 마포 거리를 편한 차림으로 어슬렁거린다. 이 지역의 주민이 된 지도 적잖은 시간이 흘렀다. 도화동 골목길을 걷다 보면 지금은 주차장으로 변해버린 옛 도화동 경보극장(서울의 보물이라는 뜻) 터를 만나게 된다. 경보극장은 안정효 작가의 소설 『헐리우드 키드의 생애』의 주 무대가 되는 장소이자 마포의 '랜드마크'였다. 영화로 제작된 「헐리우드 키드의 생애」는 6.25 전쟁이후 할리우드 영화라는 미국의 문화가 한국민들에게 어떻게 스며들고 영향을 주었는지 많은 사람들에게 잘 보여주었다.

필자에게도 할리우드 영화는 어린 시절 큰 의미로 남아 있다. 선친은 초등학교 선생님이셨으며 대구 서문시장 주변에서 살았다.

당시만 해도 중학교 입시제도가 있었으며 선친은 어려운 살림에 보탬을 위해 야간에 과외 아르바이트를 하였다. 지금처럼 커피숍이나 스터디 룸이 있는 것도 아니어서 학생들은 과외를 하러 우리 집으로 왔다. 우리는 단칸방에 세를 살고 있었는데 학생들이 오면 어머니와 나는 슬그머니 집을 빠져나와야 했다. 겨울 밤 집을 나서면 너무 춥고 또 추웠다. 어머니는 잠든 동생을 등에 업은 채 내 손을 잡고 서문시장 옆에 있는 사보이 극장으로 가셨다. 원래 사보이 극장은 1881년 영국 런던에 개관한 유서 깊은 극장으로 세계 최초 전등으로 조명을 한 건물이었다. 하지만 런던의 사보이 못지않게 대구의 사보이도 어린 나에게는 밤을 밝히는 신천지였다. 그러나 이것도 잠시 불이 꺼지고 나면 그곳은 너무도 불편한 공간으로 변하였다. 어른들이 계속 담배를 피워대고 딱딱한 나무의자는 나의 몸을 꼬이게 만들었다. 상영 도중에 필름이 끊기기라도 하면 온갖 야유와 욕설이 난무하고 물건이 부서지는 소리도 났다. 그런데 신기한 것은 이것도 하루 이틀 지나다 보니 익숙해지는 것이었다. 화면에 나오는 사람들이 보이기 시작하고 우리와 생김새가 다른 사람들도 발견할 수 있었다. 저 사람들을 만나면 어떻게 해야 하나 걱정이 되기도 했다. 나의 야간 극장생활은 1970년 지역 중학교가 무시험 추첨제로 바뀌면서 끝이 났고 초등학생이 되었다. 그다음 해 아버지의 근무지가 변경되면서 가족은 미군 부대가 위치한 도시의 남쪽으로 이사를 갔고 나도 전학을 가게 되었다.

초등학교 시절 나와 친구들은 미군 부대에서 파는 햄버거와 콜라에 관심을 가지게 되었다. 캠프 헨리와 워커에는 봄, 가을로 주민

개방행사가 있었는데 이때 모은 용돈으로 햄버거와 콜라를 사 먹는 것이 큰 즐거움이었으며 다른 친구들에게는 은근한 자랑거리가 되기도 했다. 5학년이 되던 해에는 캠프 워커에 군무원으로 근무하던 배 선생님을 만나 영어를 배우게 되었고 중학교에 입교했을 때 나의 영어 실력은 상당한 수준에 올라 있었다. 중학생이 되자 나와 친구들의 관심은 사보이 극장으로 다시 옮겨 가게 되었다. 극장은 동시 상영관으로 변해 있었고 두 편중 한 편은 통상 청소년 관람 불가 영화였다. 무슨 수를 써서라도 머리를 기르고 노숙한 옷을 입으려고 애를 썼다. 지금 생각해 보면 아기인 것이 티가 나는데도 말이다. 관람에 성공하고 돌아오는 날에는 친구들이 내 얘기를 들으려고 몰려들었고 나는 침을 튀겨가며 무용담을 늘어놓았다.

고등학교 3학년이 되던 해 선친은 학도의용군으로 참전했던 6.25 전쟁 이야기를 자주 꺼내놓았다. 이야기인즉슨 어린 마음에 센 척하고 전장 터에 나서기는 했는데 너무 무섭고 고통스러웠다는 것이다. 특히, 총탄이나 포탄에 부상을 입은 부대원들이 극심한 고통을 겪다가 죽는 걸 보면 죽더라도 깔끔하게 죽었으면 하는 인간적인 바람이 있었다는 것이다. 나중에 자식이 생기면 조종사를 시켜서 전쟁이 나더라도 현재 자신이 겪는 고통이 없도록 해야겠다고 마음을 먹었다는 이야기이다. 당시 아버지는 나의 우상이었고 집에서 아버지의 말은 법에 가까웠다. 나는 그해 겨울 공군사관학교에 입교했고 전투기 조종사가 되었다.

하늘 영화를 통해 드리는 말씀

필자는 영화를 사랑하는 한 명의 관객일 뿐이다. 감독이 연출을 통해 전달하려는 영화의 미장센(시각적 요소의 배열)이나 몽타주(편집 기법)에 평론을 가하려는 의도는 없으며 그럴 입장도 되지 않는다. 다만 하늘이라는 공간에서 일반인들이 쉽게 경험할 수 없는 조종사의 이야기를 들려줌으로써 영화에 사실주의적 효과를 불어넣을 수 있을 것이라 기대를 하는 것이다. 이러한 노력도 영화의 이해를 풍부하게 하는 목적이고 고증의 차원은 아니라는 점을 분명히 한다.

한편 필자가 기술하는 하늘 영화의 많은 부분은 인간과 인간, 인간과 사회, 인간과 국가 관계에서 사물과 가치를 바라보는 인식에 집중한다. 인간의 감정에서 출발한 인식은 주거지역과 문화에 따라 차이를 보이며 시간의 흐름에 따라 변화하기도 한다. 하지만 이것을 절대적 현상으로 보기만은 어렵다. 왜냐하면 인간은 외부의 자극을 수용한 후 자신만의 판단을 거쳐 인식의 변화 여부를 결정하기 때문이다. 따라서 감독이 정교하게 만든 메시지를 영상을 통해 전달하더라도 인식적 공감 여부는 온전히 관객의 몫일 수밖에 없다. 20세기 들어 전 세계적으로 미디어는 공론의 장이라는 성격을 띠기 시작했으며 영화감독이 전하고자 하는 메시지는 공론의 일정 부분을 주도하기 시작했다. 영화가 공론을 주도한다는 것은 영화가 관객들을 대상으로 정치·사회적 기능을 수행하는 것으로 이해될 수 있다. 이러한 기능이 사회적 부조리를 타파하고 발전적 방향성을 제시한다는 측면에서 매우 긍정적이나 공론보다는 특정

이데올로기나 정파적 입장을 강화하는 수단으로 활용되는 것은 경계해야 할 부분이다. 필자는 『하늘 영화로 하늘을 보다』를 통해 영화가 전달하는 고유의 메시지와 더불어 다른 각도의 인식을 소개하는 데 집중한다. 여기에는 특정 가치와 인식이 공론화되기 이전에 관객 및 독자들에게 우선 다양한 가치와 인식을 공유 및 배려하는 풍토가 조성되었으면 하는 개인적 바람이 있기 때문이다.

본 책은 그리스 신화에서 출발한 인류의 비상이 우주로 이어지는 전 과정을 시대 및 주제별 영화를 통해 조명하게 된다. 1부는 항공기의 탄생이 있기까지 인류의 비상을 위한 도전의 역사, 2부는 전쟁의 아픔과 함께 영화에 투영된 항공력의 발전 모습, 3부는 현재 일상의 하늘에서 발생하는 테러, 비행사고, 악기상 등을 극복하는 인간의 투지, 4부는 인류의 꿈과 미래의 공간 우주로 향하는 인류의 모습을 살펴본다.

본 책의 부족함을 메꾸기 위해 각 부별 함축적이고도 상징적인 의미를 캐리커처로 표현해 주신 문정주 선배님께 고개 숙여 감사드린다. 또한 필자의 졸저가 있을 때마다 바쁜 시간을 내어 글 모양새를 살펴주는 권인혁 후배에게 감사드리며 다음 임지에서도 성공적인 임무 수행을 기원한다. 끝으로 격려와 잔소리를 아끼지 않는 가족 '앵그리 송' 여사에게도 감사하다는 말을 전하고 싶다.

김 훈

목차

머리말

1부

이카로스는 어디로 간 걸까?

하늘을 향한 인간의 도전

1장 이카로스의 도전 ·············· 15

2장 레오나르도 다빈치와 윤달규 ······ 20

3장 축지법의 세상 ·············· 26

4장 하늘을 새롭게 연 라이트 형제 ····· 35

5장 우주를 향한 상상 ·············· 40

2부

아테나가 아레스를 막아서다

제1차 세계대전

1장 마지막 기사도 ·············· 48

2장 참호의 악몽 ·············· 55

3장 잠들지 않는 밤 ·············· 62

제2차 세계대전

4장 하늘의 공포 ·············· 79

5장 잠든 거인 깨우기 ·············· 86

6장 인간의 삼위일체 ·············· 104

6.25 전쟁

7장 붉은 깃발의 습격 ·············· 113

8장 인간의 파도 ·············· 117

9장 나의 조국, 나의 산하 ·············· 122

베트남전

10장 머나먼 정글 …………… 131

11장 나는 살아 있다 …………… 147

미소 냉전

12장 핵과 무기의 도박 …………… 153

13장 영웅의 탄생 …………… 159

걸프·아프간·이라크전

14장 사막의 폭풍 …………… 169

15장 수벌의 공격 …………… 177

3부
**인간이
아테나의
지혜를
구하다**

우리가 아는 하늘, 우리가 모르는 하늘

1장 하늘의 무법자 …………… 187

2장 스위스 치즈 …………… 194

3장 자연의 경고 …………… 201

4부
**이카로스가
지구를
바라보다**

우주의 의미

1장 작은 발자국, 거대한 도약 ……… 213

2장 우주에서 살아남기 …………… 224

3장 인내의 여정 …………… 234

맺음말

1부

이카로스는 어디로 간 걸까?

MOON

마침내 꿈을 이룬 친구에게

앤 섹스턴

"Icarus, the feathered boy, the boatman's son,
who fabricated wings and flew into the sun,
was undone.
Now you, my friend, who stand at the gate
of that great mystery,
you who have passed your hands over your body
and told us the body's story."

하늘을 향한 인간의 도전

　고대의 많은 사람들은 하늘을 신과 신의 대리인 왕들만이 소통할 수 있는 공간으로 여겼다. 반면 '이카로스'로 대변되는 일부 사람들은 자신들의 생각과 상상력을 펼치는 공간으로 하늘을 동경하였고 그 생각은 오랜 시간을 거쳐 머나먼 우주로 이어지고 있다.*

　본 책의 1부는 인류가 고대로부터 라이트 형제의 비행기가 인류 최초의 유동력 조종 비행을 완성할 때까지 하늘을 향한 꿈과 노력을 담은 영화를 주로 다루고 있다. 이카로스는 인간 비행의 출발을 알렸고 레오나르도 다빈치와 윤달규 등은 중세 비행의 의미를 탐구하였다. 이후 열기구 및 비행선 등 '공기보다 가벼운 비행체', 그리고 비행기라는 '공기보다 무거운 비행체' 등이 개발되어 지금 우리가 살고 있는 하늘 모습의 발판이 된다. 한편 비행기가 개발되는 그 시절에 인간은 이미 우주의 본질을 간파하고 상상의 폭을 넓혀 갔다. 그 상상이 현재와 미래를 추동하고 있음에 새삼 놀라게 된다.

---

*　본 책에서는 그리스어 이카로스로 명칭을 통일, 실제 영화에서는 영어 이카루스로 표기 및 발음

1장

이카로스의 도전

이카로스(Daedalos & Icarus)

개봉 : 1991년(TV 드라마)
감독 : Paul Weiland
주연 : Michael Gambon
제작 : Henry Simpson(영)

다이달로스는 그리스 최고 건축가이자 발명가이며 이카로스는 그의 아들이다. 다이달로스는 시기, 질투로 자신의 제자를 죽이고 미노스 왕이 통치하는 크레타 섬으로 도망온다. 이후 미노스 왕비는 다이달로스의 도움으로 포세이돈이 보낸 황소와 관계를 맺게 되고 반인반수의 미노타우로스를 낳게 된다. 격노한 왕은 다이달로스에게 미궁을 만들어 미노타우로스를 가두게 한다. 임무에 성공하지만 왕은 다이달로스가 왕비를 도와준 사실을 알게 되고 아들과 함께 미궁에 감금한다. 다이달로스는 독수리 깃털을 모아 두 벌의 날개를 마련하여 아들과 탈출하게 된다. 이때 다이달로스는 이카로스에게 바다에 너무 낮게 날아서도 안 되며 특히 태양에 가까이 날아서는 더욱 안 된다고 당부한다. 하지만 이카로스는 아버지의 말을 어기고 태양을 향해 높이 날아오르고 깃털을 이어붙인 밀랍이 녹아 에게해로 추락하게 된다.

선샤인(Sunshine)

2057년 태양의 핵융합 반응이 약해져 빙하기가 찾아온다. 7년 전 태양을 살리기 위해 핵폭탄을 실은 '이카로스 1호'를 보냈지만 실종되었다. 인류는 다시 핵폭탄을 만들어 8명의 대원과 함께 '이카로스 2호'에 실어 보낸다. 2호는 수성을 지나면서 1호로부터 조난신호를 접수한다. 논란이 발생하지만 궤도를 수정하여 1호에 접근한다. 그 과정에서 2호는 선체가 파손되고 산소가 부족하게 된다. 산소문제 해결을 위해 1호로 이동해 보지만 별다른 소득없이 대원 3명만 잃게 된다. 결국 2호에 5명의 대원이 남게 되었고 우주선 파손에 책임이 있던 트레이는 4명의 산소분량밖에 없음을 알게 되는데……

개봉 : 2007년
감독 : Danny Boyle
주연 : Cillian Murphy
배급 : Moving Picture
　　　 Company(영)

고대로부터 전 세계 많은 사람들은 그리스 신화에 나오는 '이카로스'를 아버지의 말을 무시하고 태양에 너무 가깝게 날아 비극적인 최후를 맞은 인물로 알고 있다. 영국에서는 1991년 TV 연속물로 『The Storyteller : Greek Myths』를 제작했으며 그중 한 에피소드가 「다이달로스와 이카로스」이다. 영화는 신화를 잘 모르고 있는 시청자나 유년층을 겨냥하여 이카로스와 그의 아버지 다이달로스에 관한 신화를 화면에 충실하게 표현하고 있다. 영화의 나레이션은 개인과 사회를 대상으로 인간의 교만과 무모한 야망의 위험성을 경고하고 체제와 규범의 중요성을 강조하고 있다.

하늘 영화로 하늘을 보다

이러한 주제는 그리스부터 근대화되기 이전의 국가나 사회 지배층의 시각에서 보면 신성과 왕권에 대한 도전을 견제하고 지배에 대한 순종을 유도하기 위해 좋은 교훈으로 사용될 수 있었다. 그리스인들에게 하늘은 인간이 살아가는 자연을 조성해 준 우주였으며 하늘의 태양은 우주의 질서를 유지하는 힘이라는 신성의 상징이었다. 또한 하늘은 '우라노스', 태양은 '헬리오스'라는 개별적 신으로 구체화되기도 하였다. 따라서 하늘과 태양에 가까이 가려는 개인적인 시도는 신에 대한 불경이며 신의 대리자인 왕에게 도전하는 것으로 해석되었다.

중세기 유럽에서는 종종 아버지 다이달로스를 왕권의 상징으로 비유하기도 하였고, 그 아버지의 말에 순종하지 않은 이카로스의 비극을 '루벤스'와 '브뤼헐' 등의 그림에 등장시켜 많은 사람들에게 경고의 의미로 사용하였다. 한편 동시대 조선에서도 아버지의 존재와 권위는 왕권을 유지하고 유교 사회의 규범적 질서를 유지하는 데 중요하게 사용되었다. 조선은 개국 초부터 성리학적 질서를 정치적 규범으로 정착시켰으며 충효를 중요한 덕목으로 백성들에게 각인시켰다. 특히, 군사부일체(君師父一體)의 개념은 왕과 양반 그리고 평민 백성들의 정치적 인식을 확립시키는 중요한 수단이었다. 백성들에게 아버지는 생물학적 조물주이며 아들이 아버지를 섬기지 않는 것은 패륜, 즉, 인간이기를 거부하는 것이었다. 따라서 아버지와 스승과 왕이 동일한 존재인데 아들이 개인의 욕심과 자유를 위해 불손한 태도를 보이거나 반역을 해서는 안 된다는 인식이 깊이 자리 잡게 되었다.

현대가 되어서도 이카로스의 교훈은 과거로부터 크게 변하지 않고 영화에 투영되고 있다. 2017년 미국의 브라이언 포겔이 감독 및 제작한 영화 「이카로스」는 러시아 스포츠 선수와 정부의 금지약물 복용 실태를 '이카로스 신화'에 빗대어 고발하고 있다. 포겔은 국제 스포츠계의 도핑 스캔들을 조사하면서 러시아 반(反)도핑 연구소장 로드첸코프를 접촉한다. 포겔이 그와 가까워지면서 러시아가 국가 차원에서 올림픽 도핑 프로그램을 비밀리에 진행해 왔고, 소치 올림픽에서는 처벌을 피하기 위해 검사한 소변까지 바꿔치기했다는 사실을 알게 된다. 이후 로드첸코프는 러시아 정부로부터 신변에 위협을 받게 되고 사실상 감금상태에 들어가게 된다. 또한 국제사회의 의혹제기에 대해 러시아 정부는 일체 부인하게 된다. 스포츠 정신은 정정당당하게 경쟁하는 것을 미덕으로 삼고 있음에도 러시아가 승리의 욕심으로 금지된 스테로이드 약물을 복용한 것은 그 정신을 크게 위반한 것이다. 한편 이카로스를 이것에 비유한 것은 맥락에서 유사성이 있지만 신화에서 이카로스가 인간의 무한한 자유 의지를 펼친 것과는 본질적으로 차이가 있다. 즉, 승리를 위해 애당초 불법임을 알고도 잘못을 저지른 것과 자유를 위한 비상과는 전혀 다른 차원인 것이다. 또한 러시아 정부는 그리스 신화의 다이달로스처럼 선수들에게 불법적인 행위를 금지시켰어야 마땅하다.

반면, 2007년 대니 보일이 감독한 영화 「선샤인(Sunshine)」은 기존의 이카로스의 교훈과는 사뭇 다른 메시지를 주고 있으며, 현대를 살아가는 우리들에게 그리스 신화에 등장하는 '이카로스가 정말 어디로 갔을까?'라는 화두를 던지게 한다. 영화에서 인류는 태양이 식어가자 우주선 '이카로스'에 핵폭탄을 실어가 터뜨림으로써 태양의 핵융합을 정상화시키려고 한다. 우리의 태양은 어쩌다 그렇게 되었을까? 현재 태양은 나이가 46억 년 정도 되는 별이다. 엄청나게 뜨거운 고온의 플라스마(전리 기체)로 구성된 거대한 구형의 기체 덩어리이며 그 질량은 태양계에 속한 모든 행성의 질량을 합한 것의 750배가 될 정도로 크다. 태양의 중심핵에서는 수소가 헬륨으로 전환되는 핵융합 반응이 계속 일어나고 있으며 이 에너지는 점진적으로 외곽으로 이동하고 결국 표면을 빠져나간다. 과학자들은 지금부터 약 50억 년이 지나면 태양은 현재보다 부피가 커지고 온도는 낮아져 적색의 큰 별로 변한다고 한다. 적색 별로 변한 태양은 수성, 금성과 지구를 모두 불태워 버린 뒤 자신도 지구와 같은 백색의 왜성으로 변하게 되는 것이다. 결국 태양이 식게 되면 우리는 추워서 죽는 것이 아니라 불타서 죽게 된다. 그리스 신화에서는 이카로스가 태양을 향한 도전으로 인해 벌을 받았을지는 모르나, 영화에서는 인간이 태양을 되살리기 위해 이카로스호로 우주비행을 하는 모습을 보여주고 있다. 이러한 모습에서 인간은 과거 신이 암시하거나 교훈으로 남긴 것을 지키는 데 삶의 중점이 있었다면 지금은 신의 뜻을 이해하고 구현하기 위해 살고 있다는 생각을 할 수 있다. 과거 그리스 신화의 이카로스가 에게해로 추락하지 않고 시공간을 넘어 영원의 우주로 날아간 것은 아닌지 의문이 드는 이유인 것이다.

2장

레오나르도 다빈치와 윤달규

다빈치 코드(The Da Vinci Code)

개봉 : 2006년
감독 : Ron Howard
주연 : Tom Hanks
배급 : Sony Pictures(미)

미국 기호학자인 랭던은 파리에서 프랑스 경찰 국장의 요청으로 다잉 메시지를 남기고 죽은 루브르 박물관 큐레이터 소니에르의 주검과 마주하게 된다. 이때 프랑스 경찰 소속의 암호학자이자 소니에르의 손녀인 소피가 랭던에게 접근하여 자신을 도와달라고 부탁한다. 두 사람은 박물관에서 소니에르가 남긴 아나그램을 발견하게 된다. 이를 통해 다빈치의 그림과 연관되어 있는 몇 가지 힌트를 알게 되고 붓꽃 모양의 열쇠까지 발견한다. 열쇠의 문자를 통해 소니에르가 은행에 보관하였던 다빈치의 크립텍스를 마침내 찾게 된다. 랭던은 크립텍스를 열기 위해 성배의 행방을 쫓던 친구 티빙을 수소문하면서 복잡한 살인 사건들과 엮이게 되는데…….

윤달규 코드(조선시대 우리는 하늘을 날았다)

18세기 말부터 19세기 초에 살았던 이규경의 글을 모아놓은 『오주연문장전산고(五洲衍文長箋散稿)』에는 호서(湖西)의 노성(魯城)에 윤달규란 인물(1700년 전후 인물로 추정)이 있는데 비차(飛車)를 가지고 있으며 만드는 방법을 기록해 두고 있지만 사람들에게 보여주지 않는다는 글이 적혀 있다. 또한 그보다 훨씬 이전인 임진왜란 당시 정평구라는 사람이 비차를 이용하여 진주성 안에 갇힌 사람들을 구하였다는 이야기도 전한다.

비차 모형 : 공군사관학교 박물관 소재

방송 : 2000년 4월 8일
제작 : KBS 역사 스페셜

2006년 「다빈치 코드」가 한국에서 개봉될 무렵 영화에 대해 종교계의 신성 모독이라는 항의와 함께 상영금지 가처분 신청이 있었다. 예수 그리스도가 막달라 마리아와 결혼하여 자식을 가졌고 후손이 지금까지 이어진다는 설정은 너무 터무니없는 것으로 종교인은 물론 일반인들에게도 오해와 혼란을 줄 수 있다는 이유에서다. 하지만 법원은 창작의 폭을 넓게 인정하는 의미로 영화 상영금지 신청을 기각하였다. 필자는 법원의 입장을 존중하면서 영화의 감독이 전달하고자 하는 다빈치 코드의 인식과 필자의 항공의 역사에 대한 다빈치 코드 인식을 함께 설명하고자 한다.

먼저 영화감독은 사실과 상상력을 조합하여 다빈치 코드의 해석이라는 방식을 통해 영화의 스토리를 전개하며, 막달라 마리아가 실제 예수이고 루브르 박물관 밑에 막달라 마리아의 무덤이 있다는 마지막 결론에 도달한다. 영화에서 다빈치의 그림은 감독의 논리적 전개를 위한 중요한 실마리가 된다. 주인공 랭던과 소피는 최후의 만찬 그림에서 예수의 여성스러운 모습에 주목하고 동시에 우측에 위치한 사도 요한이 진짜 막달라 마리아라고 판단하게 된다. 또한 만찬 탁자에 성배가 없다는 사실에서 예수와 마리아 사이의 삼각형 공간이 성배의 상징이며 실제 성배 자체가 마리아라는 의미를 이끌어 낸다. 랭던과 소피는 마리아가 잉태했던 생명을 '시온 수도회'에서 보호해 왔다는 사실을 알아내게 된다. 만약 관객들이 실제 1099년 결성된 유럽의 비밀단체 '시온 수도회'에 '레오나르도 다빈치'와 '아이작 뉴턴' 등이 회원이었다는 사실을 알았다면 영화의 내용에 호기심과 함께 신빙성마저 갖게 될 것이다. 한편 랭던과 소피는 「인체비례도(Vitruvian Man)」로 알려진 다빈치의 스케치에서 비밀을 추적할 수 있는 장소의 힌트를 얻게 되는데 그것이 정확히 무엇인지 영화가 설명하고 있지는 않다. 다만, 정사각형과 원형에 맞게 위치한 「인체비례도」의 어떤 부분에서 주인공들이 단서를 추론하는 것으로 이해된다.

그렇다면 항공의 발전이라는 측면에서 필자가 이해하는 다빈치코드는 무엇일까? 이카로스의 비행 이후 인간들은 날 수 있는 방법에 대해 연구와 실험을 계속해 왔다. 특히, 다빈치는 새를 포함한 비행 생물체들의 움직임을 깊이 관찰하고 날개의 모양, 깃털이 배열된 형태 그리고 골격 구조 등을 상세히 그림에 옮겼다. 또한 해부학, 공학, 수학 등의 연구를 병행함으로써 자신이 관찰한 비행 생물

하늘 영화로 하늘을 보다

체의 항공역학을 나름대로 이해하고 체득할 수 있었다. 이것은 태초부터 우주가 심어 놓은 비행의 코드를 다빈치가 해독하는 과정이었다고 설명할 수 있겠다. 다빈치는 여기서 멈추지 않고 '오르니톱터(새 모양 비행기계)', 글라이더, 나사형 비행기(헬리콥터 형태) 등의 설계도를 작성하였는데 자신이 이해한 항공역학을 창의적인 모습으로 구현한 것이다. 또한 자신의 디자인을 검증하기 위해 모델이나 원형(Prototype)을 제작하였다고 전하지만 실제 이것들을 실험한 증거나 결과는 확인할 수 없다. 결국 다빈치는 「다빈치 코드」 영화에서처럼 후일 항공발전을 위한 코드를 그의 그림에 남겨놓았다고 이해된다.

한편 2013년 다큐멘터리 영화로 제작된 「Leonardo da Vinci's Dream Machines」에서는 다빈치가 설계한 비행기 이외에도 전투장비, 유압체계 및 혁신적인 디자인들을 소개한다. 르네상스 시대 당시에는 이러한 디자인이 직접적으로 어떤 분야에 영향을 미쳤는지, 미래 세대의 발명가와 공학도들에게 주는 함의는 무엇인지를 분석하고 평가한다. 이른바 다빈치가 남겨놓은 항공역학 코드에 대한 구체적이고도 종합적인 모습을 보여준 작품이라 할 수 있을 것이다.

우리 조선의 역사에서도 레오나르도 다빈치와 비슷한 시기에 윤달규라는 인물이 하늘에 관심을 가지고 살았다는 기록이 발견된다. 윤달규라는 이름은 20세기 초까지 한국 사람들에게 거의 알려져 있지 않았다. 그러다가 일제 강점기 안창남으로 대표되는 한국인 조종사와 비행기가 한국인들의 관심을 끌면서 윤달규의 존재가 소환되었고 그가 만들었다는 '비거' 혹은 '비차'가 화제가 되었다. 하지만 그의 존재는 다시 오랜 기간 동안 한국 사람들의 기억 속에서 사라졌다가 2000년 KBS 역사 스페셜을 통해 다시 알려지게 되었다. 방송은 윤달규의 비차를 재조명하고 임진왜란 당시 진주성에서 비차가 성안에 고립된 사람들을 공중을 통해 탈출시키는 데 사용되었다고 전하고 있다. 하지만 이 이야기는 행동의 주체가 다소 불분명하며 많은 학자들은 이야기의 진위에 대해 의문을 제기하고 있다. 그것은 비차 이야기가 18세기 이규경이 작성한 『오주연문장전산고』에서 비차가 임진년에 처음 만들어졌다는 설명에만 근거하는 것으로 임진왜란 당시 비차가 사용되었다고 단정하기에는 어려움이 있기 때문이다. 임진년은 60년마다 주기적으로 돌아오므로 어느 해를 의미하는지 우리는 정확히 알 수 없다. 다만, 일제 치하 한국인들의 입장에서 우리가 과거 비차를 개발하였고, 이를 사용하여 왜군에게 저항했다는 윤달규의 이야기는 진실을 떠나 큰 의미로 다가왔을 것이다. 이런 맥락과 더불어 일제 강점기 한국의 선각자들이 이규경의 기술 내용에 다양한 이야기를 첨부하면서 그 진위를 논하기가 더욱 어렵게 되었다.

그럼에도 불구하고 『오주연문장전산고』를 작성한 이규경이 조선 실학자 이덕무의 손자였다는 사실에서 우리가 추론해 볼 수 있는 것들이 있다. 실학자 이덕무는 어릴 때부터 여러 방면에 박학다식하였으나 서얼인 관계로 관직에 중용되지 못하였다. 하지만 정조 재위기 40에 가까운 나이에 규장각 검서관으로 발탁되어 그 이름을 떨쳤으며 북학(北學)을 제창하였다. 이규경의 사상과 직업에는 서양과학을 수용하려는 북학의 정신과 중인(中人)이라는 신분적 의미가 반영될 수밖에 없었을 것이다. 이규경의 글에 윤달규라는 중인 비차 기술자의 이야기가 실리는 것은 시대적 동병상련의 측면에서 자연스러운 일로 보인다. 기술된 내용이 얼마만큼 진실인지는 알 수 없으나 조선인들이 하늘에 도전한 생각의 코드는 분명히 담겨져 있다고 판단된다. 2000년 들어 윤달규의 이야기가 재조명되고 공군사관학교와 건국대학교 등에서 비차를 복원한 것은 후손들이 조선 시대 윤달규의 코드를 해석하여 국제 우주항공 시대에 한국이 선도적 세력으로 발돋움하려는 노력의 일환으로 이해할 수 있겠다.

·3장·

축지법의 세상

80일간의 세계일주(Around the World in 80 days)

개봉 : 1956년
감독 : Michael Anderson
주연 : David Niven
배급 : United Artists(미)

1872년 영국인 포그는 리폼 클럽 동료회원들과 80일 내 세계일주 가능 여부를 놓고 약 190만 파운드 내기를 한다. 포그는 프랑스 하인 파스파르투와 함께 런던을 출발하여 파리, 수에즈, 아덴, 뭄바이, 콜카타, 싱가폴, 홍콩, 요코하마, 샌프란시스코, 뉴욕, 리버풀을 거쳐 런던으로 돌아오는 세계여행을 떠난다. 여행 도중 온갖 어려움과 장애를 맞이하게 되고 특히, 인도에서는 여인 아우다를 화형의 현장에서 구출하여 여행에 동행하게 된다. 세 사람은 최선을 다하여 영국으로 돌아왔지만 런던행 기차를 놓치며 내기에 실패하게 된다. 하지만 파스파르투는 동쪽으로 여행하면서 날짜를 하루 잘못 계산한 것을 알게 되고…….

에어로너츠(The Aeronauts)

개봉 : 2019년
감독 : Tom Harper
주연 : Eddie Redmayne
배급 : Entertainment
One(영)
Amazon Studios(미)

1862년 영국 기상학자 제임스는 여자 열기구 조종사 어밀리아와 기상연구 및 자금모금을 위한 비행을 시작한다. 그러나 상승 이후 구름 속에서 폭풍우를 만나게 되고 제임스는 머리에 부상을 입게 된다. 어밀리아는 폭풍우를 피하기 위해 더 높이 상승하면서 당시 최고 상승 고도 기록을 돌파하게 된다. 하지만 고고도 추위를 막을 수 있는 옷을 가져오지 않았다는 것을 안 어밀리아가 다시 강하하려 하자 둘 사이에 갈등이 발생한다. 이때 눈이 내리고 제임스는 하이폭시아 증세를 보이게 된다. 어밀리아는 강하를 시도하지만 열기구 상부의 가스 개방 밸브가 얼어붙어 강하가 되지 않는다는 것을 알게 된다. 제임스가 의식을 상실하자 어밀리아는 열기구 위로 올라가 긴급 조치를 하게 되는데…….

영화 「80일간의 세계일주」는 쥘 베른의 동명소설(1873)을 영화화하여 1956년 최초 개봉되었으며 2004년에는 한국인들에게 친숙한 성룡이 출연한 동일한 제목의 영화로 재탄생되기도 하였다. 쥘 베른이 소설을 구상하던 시기인 1869년에는 마침 아프리카를 우회하지 않고 유럽과 아시아를 연결할 수 있는 수에즈 운하와 미국 대륙횡단철도가 동시에 개통되었다. 또한 증기선 엔진 기술이 급격히 발달하여 세계 전 지역에 도달할 수 있게 되었고, 전보의 개발로 거의 실시간으로 정보교류가 가능해져 해외여행과 무역이 가능한 세상으로 변화되고 있었다. 소설이 발간되자 실제 80일간 세계여행의 가능 여부에 세계인들의 관심이 집중되었다. 그러자 1889년 미국의 여류 언론인 'Nellie Bly(본명, Elizabeth J. Cochran)'가 그 도전에 나섰다. 그녀는 11월 14일 뉴저지를 출발하여 동쪽으로 여행을 시작하였으며 유럽과 아시아를 거쳐 1890년 1월 25일 뉴욕으로 귀환하였고 72일 만의 세계일주라는 당시 세계기록을 수립하였다.

원래 소설 내용과 달리 1956년 영화에는 주인공이 산사태로 길이 막히자 열기구를 타고 영국해협을 넘어가는 장면이 포함되어 있다. 감독은 모험적 여행에서 발생할 수 있는 극적인 위기 극복 수단으로 열기구를 등장시켰고 이것은 공중을 통한 세계여행의 출발을 암시하고 있는 장면이기도 했다. 열기구는 몽골 피에르 형제가 개발했으며, 이미 1783년 11월 21일 세계 최초로 '로지에'라는 의사와 '다를랑드'라는 군인이 탑승하여 고도 900m로 약 8km를 비행한 바 있었다. 그 직후로 열기구는 기상관측, 군사정찰 및 통신 등의 임무에 한정되어 활용되었으나 점차 지역 수송과 우편물 이송 등으로 범위를 넓혀갔다. 그러나 소설이 발간되던 시점에 열기구를 직접 세계여행에 활용하는 것은 불가능하기보다 운용의 효율성 문제로 인해 제한되었을 것으로 판단된다.

필자가 어린 시절 신동욱 화백이 그린 한국 최초 장편 만화 영화 「홍길동」이 극장에 개봉(1967)되어 크게 흥행몰이를 하였다. 몇 장면 기억이 나지는 않지만 총천연색의 화려한 모습들이 물결치던 것을 지금도 잊을 수 없다. 점차 커가면서 홍길동의 모습은 기억이

나지 않았고 단지 축지법, 활빈당과 같은 몇 단어만 머리에 남게 되었다. 그러다 몇 년 전 사라졌던「홍길동」영화가 일본에서 복사본이 발견되어 다시 한국에서 복원되는 일이 있었다. 기쁜 마음으로 영화를 마주했고 홍길동의 이미지로 나에게 남아 있는 축지법이 어떻게 표현되었는지 확인해 보았다. 그런데 홍길동은 손오공처럼 구름을 이동 수단으로 사용하였다. 축지법이란 원래 도술로 지맥을 축소하여 먼 거리를 가깝게 이동하는 방법을 의미하는데 말이다. 그런데 영화에서 표현한 방식이 축지법에 대한 근현대적 인식의 한 모습일 수도 있겠다는 생각이 문득 들었다. 우리가「80일간의 세계일주」주인공이 되었다고 가정하고 하늘 높이 올라간 열기구에서 지상을 바라보게 되면 지상의 물체나 거리가 매우 줄어든 것처럼 느껴질 것이다. 또한 공중에서는 땅의 지형에 의한 가로막힘과 마찰력이 사라지므로 실제 땅이 줄어드는 것과 마찬가지인 시간 단축 효과가 발생한다. 그리고 지상에서 높이 올라갈수록 공기의 밀도는 낮아지고 상층부의 바람은 강해진다. 따라서 바람이 뒤쪽에서 부는 상황을 맞이하면 비행물체는 지상에서보다 훨씬 빨리 움직여 땅이 줄어든 효과를 더하게 되는 것이다. 이때 공중에서 측정되는 속도를 대지속도(Ground Speed)라고 한다. 현대 항공기의 항법에서도 실제 장착오차, 압력오차, 밀도오차, 바람을 고려한 대지속도를 중요하게 활용하고 있다. 한편 미래에는 공중으로 상승함에 따라 발생하는 축지법 효과가 아니라 우주 이동통로를 통해 실제 거리가 짧아지는 축지법을 경험할지도 모르겠다. 관련 내용은 본 책의 마지막「인내의 여정」장에서 구체적인 내용을 확인할 수 있다. 어쨌든 영화「80일간의 세계일주」는 홍길동 이야기 속 축지법의 세상 모습을 관객들에게 20세기 초 시각으로 보여준 것으로 이해할 수 있겠다.

　하늘을 통한 진정한 세계일주는 비행기가 개발되고서 가능하게 되었는데 1924년 미 육군항공팀이 '시카고'로 명명된 T-2 포커 군용 항공기를 이용하여 세계일주 비행을 최초로 달성하였다. 세계일주에는 총 175일이 소요되었고 44,000km의 거리를 비행하였다. 비행경로는 미국 워싱턴주 시애틀에서 출발하여 미국 본토, 유럽, 아시아를 거치고 최종 알래스카를 경유한 후 시애틀로 복귀하였다. 한편 지구촌이라는 말이 가능하게 만든 민간 항공기의 최초 외국 항공여행은 1920년 5월 17일에 있었다. 1919년에 설립된 네덜란드 민간 항공사 KLM(Koninklijke Luchtvaart Maatschappij)이 암스테르담과 런던 구간에서 승객과 화물을 운송하였다. KLM은 설립 당시 빌헬미나 여왕으로부터 왕립(Royal) 칭호를 부여받았으며 지금도 동일한 회사명으로 운영되고 있다.

　영화 「80일간의 세계일주」의 최대 반전은 주인공 포그와 파스파르투가 하루 늦게 도착함으로써 내기에 진 것에 낙담하고 있다가 날짜 변경선을 고려하지 않은 자신들의 잘못을 알아내는 장면이다. 실제 동쪽으로 세계일주를 하면서 경도(Longitude) 15°당 1시간의 시간 보상을 해주지 않으면 자연스럽게 1일의 오차가 발생하게 된다. 이런 오차가 소설과 영화의 극적반전 요소이기는 하지만 대항해의 시대를 겪은 뒤라 어느 지점을 지나면서 날짜를 변경한다는 것이 명시적으로 정해지지는 않았어도 날짜가 변경된다는

하늘 영화로 하늘을 보다

정도는 모두가 알고 있었을 것으로 추정된다. 국제적인 날짜 변경선의 개념은 국제 표준시의 설정과 관계가 있으며 1884년 미국의 수도 워싱턴 D.C에서 개최된 국제 자오선 회의(International Meridian Conference)가 그 출발점이 된다. 본 회의에 참가 25개국은 영국의 그리니치를 경도 0°인 본초 자오선(Prime Meridian)으로 채택하는 데 합의를 한 것이었다. 영국의 그리니치가 전 세계 기준시(GMT : Greenwich Mean Time)가 된 것에는 그리니치에 영국 왕립 관측소가 위치하고 있다는 역사적 의미가 크게 반영되었다. 결과적으로 본초 자오선의 반대쪽 북극과 남극을 연결하는 선이 날짜 변경선이 되는 것인데 1884년 회의에서 결정되지 않았으며, 후일 시간을 두고 해당 지역 국가들의 정치적 입장과 이익을 고려하여 조정과 합의가 이루어져 왔다. 한국에서 비행시간은 GMT에 9시간을 더하는 시간이 적용되며 조종사들은 GMT라는 약자 대신에 보편적으로 줄루 타임(Zulu Time)이라는 용어를 사용한다.

2019년 개봉된 영화 「에어로너츠」는 「80일간의 세계일주」의 여건이 형성되던 시기에 열기구를 이용한 기상학자 제임스의 모험적 도전을 다루고 있다. 영화에서는 주인공 제임스와 열기구 조종사 어밀리어가 구름 속 폭풍우를 만나자 큰 소용돌이에 휩싸이게 되고 제임스가 바스켓에 머리를 부딪혀 부상을 입게 된다. 열기구를 이용한 최초 기상실험을 위해 모든 위험을 감수하는 입장에서 발생한 일이기는 하지만 실제 폭풍우가 있을 것으로 예상되는 구름을 보면 '눈으로 보고 피하는 것(See & Avoid)'이 원칙이다. 또한 폭풍우 구름에 진입하게 되면 영화에서처럼 상승하는 것이 아니라 가능하면 신속히 강하해야 하는 것이 옳다. 물론 맑은 하늘이 구름 사이로 보이는 경우에는 상승할 수도 있겠지만 그렇지 않은 경우에는 상승하지 말아야 한다. 일단 폭풍우 구름 상황을 벗어날 수 없는 불가피한 상황이 되면 모든 장비나 부속품을 흔들리거나 날아가지 않게 단단히 묶고, 바스켓의 수평 상태를 유지하며 풍선의 열기를 조절하는 버너의 사용을 최대한 자제해야 한다.

영화에서는 주인공들이 계속 상승함으로써 기존에 열기구가 도달했던 최고 고도(7km)의 기록을 경신하는 역사적 장면이 연출된다. 그 후 새로운 기록인 11km 상공으로 상승하는 과정에서는 제임스가 하이폭시아(Hypoxia) 증상을 겪고 코피를 흘리는 장면이 나온다. 모든 개인적인 생리현상을 동일하게 묘사할 수 없지만 영화에서 제임스가 겪는 하이폭시아 증상은 필자의 경험과는 조금 차이가 있다. 하이폭시아는 인간이 저기압의 고고도 상황에서 뇌에 원활한 산소가 공급되지 않아 발생하는 뇌질식 현상이다. 전투기 조종사들은 주기적으로 저기압, 고고도 상황이 조성된 인공 챔버(Chamber)에서 인지 및 적응 훈련을 실시한다. 실제 고고도 비행임무 중에 산소주입 호스의 연결부위가 분리되거나 누설되는 현상이 발생될 수 있다. 또한 산소마스크가 침이나 오염물질로 인해 막힘으로써 산소가 잘 유입되지 않는 경우도 발생한다. 이런 사실을 잘 인지하지 못하고 기동에만 열중하고 있으면 조종사는 위험한 상황인 하이폭시아에 빠질 수 있다. 필자가 경험해 본 바로는 하이폭시아 증세가 나타나면 먼저 머리가 좀 멍해지다가 두통이 오기 시작한다. 그리고 속도 좀 메스껍고 불쾌감이 몰려온다. 나의 의식이 멍

확하지는 않지만 문제가 없다고 느껴지나 옆에 사람이 보기에는 얼굴에 홍조를 띠면서 모든 행동이 어눌해진다. 순간적으로 앞이 깜깜해지면서 의식을 상실하게 된다. 일단 사람의 의식이 상실되면 고도를 강하하는 것 이외는 다른 특별한 회복방법이 없게 된다.

한편 기상학자인 제임스가 저온을 견딜 수 있는 옷을 챙겨가지 않은 것이 개인적으로 의아하지만 항공 기상(Meteorology) 발전기의 어수선한 상황을 감안해야 할 것으로 본다. 11km 상공의 온도는 지역적으로 동일하지는 않지만 통상 영하 50~60°C가 유지된다. 또한 지역에 따라서는 제트기류를 만나 열기구 비행이 아예 불가능한 상황을 맞이할 수 있다. 제트기류는 통상 고도 10~15km에서 발견되는 데 몇 가지 상황적 조건들이 있다. 먼저 북극이나 남극에 가까운 지역에서 주로 나타나고 계절적으로 겨울에 그 영향력이 커지며 통상 110~185km/h 정도의 풍속을 유지한다. 적도에서 약간 떨어진 위도 20~30° 지역에도 제트기류가 나타나지만 극지방에 비해 강도가 약하다. 극지방에 나타난 제트기류는 압력 배치에 따라 영화의 배경이 되는 영국과 한반도 등지에도 영향을 미친다. 11km 상공에서 제트기류를 만나는 경우 열기구의 비행은 불가능할 수도 있고 노출되었을 때 체감 온도는 영하 70°C를 훌쩍 넘기게 된다.

영화의 마지막 부분에서 열기구의 '풍선부위 고장(Balloon Collapsing)'이 발생하고, 주인공들은 바스켓과 모든 장비들을 내던진 뒤 열기구의 풍선을 낙하산으로 활용하여 착륙하는 장면이 나온다. 이 장면에서 필자는 마음을 졸였고 무사히 착륙을 했을 때 박수를 보냈다. 그것은 아마도 개인적으로 남아 있는 슬픈 기억과 영화 속 주인공들의 투지 때문일 것이다. 필자가 22세이던 그 여름날 동기생 임○○과 나는 한강 미사리 상공에서 낙하산을 메고 항공기에서 창공을 향해 힘껏 뛰어내렸다. 하늘은 순간적으로 너무 고요했지만 그것도 잠시 뭔가 잘못되었다는 느낌이 전율로 다가왔다. 앞에서 뛰어내린 ○○의 낙하산 둥근 부분이 보여야 하는데 내 눈에 잠시 보였던 것은 어린 시절 풍선을 불다가 손에서 놓으면 쪼그라들면서 휙 사라지는 그 모습이었다. 안타깝게도 ○○은 주 낙하산이 펴지지 않았고 가슴에 있던 보조 낙하산을 폈지만 완전하게 펴지지 않은 채 추락한 것이었다. 나를 포함한 동기생들은 하늘에서 땅에 내려앉은 순간부터 장례식과 사고조사가 끝날 때까지 약 한 달간 멍한 슬픔의 시간을 보냈다. 사고조사가 끝나자 다시 공수낙하의 일정은 결정되었다. 다시 비행기에 오르던 그 순간 ○○을 잃은 슬픔은 묘하게도 더할 수 없는 공포로 다가왔고, 뛰어 내려야 할 내 차례가 오자 썩은 미소를 띠며 비행기의 문 앞으로 비트적거리며 나아갔다. 순간 우리가 하늘의 공포와 마찰을 극복하지 못하면 영원히 날 수 없다는 생각이 들었고 나는 이미 공중에 떠 있었다. 지금은 동작동 국립묘지에 ○○의 잠든 위치가 잘 생각나지 않을 때도 있지만 ○○과 비행기에 탑승하기 전에 괜히 용감한 척 건넸던 이야기들은 기억에 선명하다.

4장

하늘을 새롭게 연
라이트 형제

키티 호크 언덕의 바람(The Winds of Kitty Hawk)

개봉 : 1978년
감독 : E. W. Swackhamer
주연 : Michael Moriarty
제작 : Charles Fries
       Production(미)

오빌과 윌버 라이트 형제는 오하이오 데이턴에서 비행에 대한 꿈을 키우며 자전거 수리공으로 가게를 운영한다. 형제의 글라이더를 이용한 비행실험은 계속되지만 많은 실패를 맞이하게 되며 안전을 걱정하는 가족들의 반대와 재정적 어려움을 겪는다. 이때 여동생 카트리나의 물심양면 도움에 힘입어 라이트 형제는 노스캐롤라이나 키티 호크로 내려와 비행실험에 전력하게 된다. 1903년 12월 17일 오빌은 인간이 직접 조종하는 유동력 비행을 역사상 최초로 성공한다. 비록 12초의 짧은 비행이었지만 인류 항공역사에 한 획을 그었다.

1903년 12월 17일 노스캐롤라이나 키티 호크에서 라이트 형제는 자신들이 제작한 비행기 'Flyer'로 4번에 걸친 역사적 비행을 실시하였고, 최장 59초의 체공시간과 최장거리 852피트의 비행기록

라이트 형제와 커티스(Wright Brothers Vs Curtis : American Genius)

개봉 : 2015년
감독 : Richard Lopez
주연 : Edgar Fox
제작 : Stephen David
　　　 Entertainment(미)

1903년 라이트 형제는 역사적이고 성공적인 비행을 마친 후 비행기의 특허를 출원하였고 항공의 선구자로서 위상이 높아졌다. 같은 시기 유능한 발명가이자 항공인 글렌 커티스가 자신만의 항공기 디자인과 혁신으로 라이트 형제의 권위에 도전하게 된다. 이렇게 되자 양자 간 특허를 둘러싼 분쟁이 발생하게 된다. 한편 이들이 항공기의 속도, 상승고도, 항속거리 등을 개선하기 위한 새로운 시도를 하면서 개인적 갈등과 함께 공공의 관심도 증가하게 된다. 결과적으로 라이트 형제와 커티스의 이권확보와 자신들만의 영역 확장을 위한 경쟁이 항공기술의 급속한 발전을 가져오는 데 기여하게 되었다.

을 남겼다. 1978년 제작된 「키티 호크 언덕의 바람」은 라이트 형제가 역사적인 기록을 기록하기까지 겪은 어려움과 이를 극복하려는 의지를 화면에 잘 담아내었다. 라이트 형제가 항공역사에 있어 가장 큰 획을 그었다는 평가를 받는 이유 중의 하나는 최초 비행 당시 세간의 항공기 개발에 대한 부정적 인식을 극복하고, 항공발전의 인식을 전 세계인들에게 확산시켰다는 측면이 있기 때문이다. 당시 미국과 유럽의 과학지식인들은 인간이 조종하는 유동력 항공기의 출현은 시기상조라는 입장이었으며, 미국 내 라이트 형제의 비행연구를 소문으로 알고 있는 사람들도 정상적인 교육도 받지 않은 자전거 수리공들이 과연 무엇을 해낼 수 있을까 하며 냉소적인

하늘 영화로 하늘을 보다

평가를 내리고 있었다. 따라서 주변의 경제적 지원과 격려를 기대하기는 어려웠다. 그럼에도 불구하고 라이트 형제가 창의적인 생각과 불굴의 의지로 성공적인 비행을 이루어 내자 미국은 물론 세계 각국은 라이트 형제가 이루어 낸 기술적 성과에 대해 높은 평가를 내리게 되었다. 이러한 사람들의 인식 전환은 급속한 기술력 전파와 항공분야의 발전으로 이어지게 된다.

라이트 형제의 비행 이전에는 모든 사람들이 날개라고 하면 평평한 평면을 떠올렸으나 라이트 형제로 인해 날개 앞면이 굴곡지고 뒤로 갈수록 두께가 얇아지는 고양력(高揚力) 발생의 형태가 날개의 기본이 되었다. 라이트 형제는 항공기 조종을 수행하는 3축 통제 시스템을 완성하여 특허로 출원했고, 3축 통제 시스템은 현대에 이르기까지 항공기 통제 시스템의 근간으로 조종의 편이성과 안정성을 보장하고 있다. 또한 추진력을 확보하기 위해 장착한 최초 노출형 가솔린 엔진은 곧 항공기 내부 장착 엔진으로 진화하였고, 엔진에 의한 추력으로 양력(Lift)과 중력(Gravity), 추력(Thrust)과 항력(Drag)이라는 현대 항공역학의 기초가 완성되었다. 라이트 형제는 여기에 멈추지 않고 자신들이 개발한 날개, 조종 시스템, 장착 엔진의 안정성이 보장될 수 있도록 지속적인 시험비행을 함으로써 비행기술 발전은 물론 비행기가 교통수단으로 정착되는 데 기여했다.

2015년 제작된 영화 「라이트 형제와 커티스」는 라이트 형제가 커티스를 상대로 자신들의 특허 무단사용에 대한 소송을 제기한 내용을 다루고 있다. 이들의 법적인 다툼은 항공기술의 지적 재산권을 규정하는 중요한 법적 선례가 되었다. 필자가 특허분쟁보다 주목하는 부분은 이들의 기술적 경쟁으로 인한 긍정적 효과이다. 기술개발과 혁신의 관점에서 라이트 형제는 3축 조종체계를 육상에서 발진하는 항공기 설계의 기본 틀로 정착시킨 반면 커티스는 해상에서 운영되는 항공기 개발의 선도적 역할을 담당하였다. 라이트 형제와 커티스의 기술경쟁은 주로 항공기 속도와 보유성능에 집중되었다. 이를 통해 이동시간 단축과 사용 목적에 맞는 비행기 개발이 가능하게 되자 민간 항공산업의 발전은 더 급속도로 이루어지게 된다. 또한 이들의 소송과 경쟁의 이야기는 언론 매체를 타고 미국 전역으로 알려졌고 미래 항공분야 주역들의 영감을 자극하는 교육적 효과도 발생하였다.

영화에서 구체적으로 소개되지 않지만 라이트 형제는 미군과 유럽 사회를 대상으로 항공기술 개발 협력 및 항공기 판촉활동을 시작하였으며 제1차 세계대전에도 중요한 영향을 미치게 된다. 라이트 형제는 먼저 미군 지휘부에 항공기에 대한 브리핑과 시범비행을 통해 미래에는 항공기가 정찰 및 수송을 넘어 전투에 활용될 수 있음을 강조하였다. 그 결과 미군은 1909년 라이트 형제의 'Flyer' 항공기를 군사적 목적으로 구매하게 된다. 그 후 라이트 형제는 미군 항공 조종사 양성에도 관여하게 되는데 미군이 앨라배마주 몽고메리에 항공학교를 설립하자 직접 교관 조종사로서 육군 및 해군 조종사를 양성한다. 라이트 형제들이 교육한 조종사들이 제1차 세계대전에 참전하게 됨은 물론 후일 미 공군과 해군의 주역으로 성장하게 된다. 미군은 라이트 형제가 확립한 항공역학을 기초로 항공기 기체 및 조종통제 시스템 등을 군의 요구에 맞추어 전투기, 폭격기, 정찰기 등의 형태로 발전시켜 나가게 된다. 결과적으로 라이트 형제는 군을 통해 항공기가 군사목적에 부합된다는 것을 증명하였고, 미군은 물론 전 세계 군대는 전투자산으로서 항공기의 전술적 가치를 깊이 인식하게 된다.

다음으로 라이트 형제는 1908년부터 항공 관련 협력과 교류의 범위를 유럽으로 확대하였다. 1909년에는 프랑스 르망 지역에서 시험비행을 실시하여 각종 언론과 유럽인들의 관심을 받게 되었고 항공분야 선구자로서 입지를 굳히게 되었다. 시험비행 기간 중 영국 롤스로이스 자동차 회사의 창립자이자 항공 애호가였던 찰스 롤스를 만나 영국에서 항공기 생산을 논의하게 된다. 찰스 롤스는 라이트 형제 비행회사의 영국 대행사가 되지만 안타깝게도 1910년 비행사고로 사망한다. 그럼에도 불구하고 라이트 형제와 롤스의 협력은 유럽 항공산업의 양적, 질적 확장의 기폭제가 된다. 또한 라이트 형제는 프랑스에서 비행교육 지원자를 대상으로 직접 비행교육을 실시하였으며, 유럽의 조종사나 자원자들이 미국을 방문하면 오하이오주에 위치한 라이트 형제 비행학교에서 비행교육 프로그램을 제공하기도 하였다. 라이트 형제의 항공기를 향한 꿈은 오하이오와 노스캐롤라이나를 넘어 전 세계를 통해 실현된 것이다.

·5장·

우주를 향한 상상

달세계 여행(A trip to Moon)

개봉 : 1902년
감독 : Georges Melies
주연 : Georges Melies
제작 : Star Film
       Company(불)

천문학회 회장 바벤풀리스 교수는 달 탐사를 제안하고 5인의 천문학자들이 동의한다. 일행이 탑승한 총알 모양의 우주선은 대포에 장전되어 달로 발사된다. 우주선은 성공적으로 달에 착륙하게 되고 일행은 우주 공간 너머로 떠오르는 지구를 바라보게 된다. 달에 폭설이 내리자 지하세계로 들어간 일행은 원주민들에게 붙들려 왕궁으로 끌려간다. 일행은 왕을 처치하고 타고 왔던 캡슐로 돌아온다. 마지막까지 추적하던 원주민을 매단 채 우주선은 지구로 귀환하며 성공적으로 바다에 착수된 후 일행은 모두 구조된다. 영화는 바벤풀리스 교수의 동상 제막식을 거행하면서 끝이 난다.

라이트 형제가 인류 최초의 유동력 비행기록을 세우기 1년 전에 이미 사람들은 우주를 향한 야심 찬 상상을 영화로 표현하였다. 프랑스 멜리에스 감독은 1902년 쥘 베른의 소설 『지구에서 달까지』 (1865)를 바탕으로 흑백 무성 영화 「달세계 여행」을 내놓았는데 인류 최초의 우주 공상과학 영화로 평가된다. 「달세계 여행」은 공상과학 영화로 비록 이름이 붙여졌지만 현재를 살아가는 우리의 입장에서는 공상과학이라는 말이 무색하게 느껴진다. 그 이유는 영화가 상상이라고 생각했던 많은 부분이 이미 다 이루어졌기 때문이다. 영화의 전반부에 대포로 발사된 우주선 캡슐이 달의 눈에 부딪히며 착륙하는 것은 1969년 아폴로 11호의 달 착륙에 비견할 만하다. 그리고 달에 간 천문학자들이 우주 공간 속에 위치한 지구를 바라보는 것은 아폴로 조종사들이 푸른 지구를 바라보는 벅찬 느낌과 같았을 것이다. 1981년 인류 최초 우주왕복선 컬럼비아호가 지구로 귀환하기 전까지 모든 아폴로 우주선들은 「달세계 여행」이 표현한 캡슐 형태로 낙하산에 매달린 채 바다에 떨어져 귀환했다. 마치 미래 기억의 습작인 것처럼 느껴지는 장면이기도 하다. 또한 과학자들이 노숙을 위해 침낭을 펼치자 달의 여신은 눈을 찌푸리게 되고 결국 곤충 형상의 달 원주민들에게 쫓기게 된다. 과학자들이 달에서 노숙한다는 것은 인류가 다른 행성에서 어렵지만 살아가겠다는 것을 의미하는 것일 수도 있다. 우리는 이미 화성 탐사 시대에 들어섰으며 그곳의 환경을 지구에서 가상으로 체험하는 등 이주 준비를 차근차근 진행하고 있다. 영화에서 원주민들에게 쫓기는 장면은 인간이 아직 경험하지 못한 외계 생명체와의 접촉일 것이다. 인류가 꾸준히 추진하고 있는 우주 탐사 노력은 다양한 목적과 이유가 있지만 중요한 이유 중 하나가 인류가 미래에 생존할 수 있는 우주영역을 찾아내는 것이고 그 과정에서 우주 생물체나 선진 문명의 외계인을 만날 수도 있다는 판단에서이다. 만나게 될 대상이 인간과 유사한 생물체일 수도 있고 완전히 다른 존재일 수도 있다. 한편 그들은 이미 우리의 존재를 알고 신호를 보냈는데 우리가 너무 멀리 떨어져 있어 그들의 신호를 받지 못했을 수도 있다. 어쩌면 그 존재가 이미 우리 곁에 와 있지만 우리가 눈치를 채지 못하고 있는지도 모른다. 「달세계 여행」은 이미 많은 것을 알아버린 우리의 선배들이 그들의 방식으로 영화를 만들었으며, 그들의 생각은 여전히 인류 우주여행의 기본이자 출발점이 되고 있다. 본 책자의 4부 「이카로스가 지구를 바라보다」를 통해 지금으로부터 100년도 훨씬 더 지난 영화 「달세계 여행」에서 표현된 상상력이 어떤 형태로 구현되고 발전되는지 확인할 수 있을 것이다.

2부

아테나가
아레스를
막아서다

아테나는 전쟁(전략)의 여신이자,

아테네의 수호신(방어)

vs

아레스는 전쟁(공격)의 신

제1차 세계대전

　2부 「아테나가 아레스를 막아서다」에서는 인류가 현재까지 겪어온 전쟁의 대표적 영화장면을 통해 영화가 전달하려는 메시지와 함께 항공역사와 관련성을 살펴보게 된다. 이러한 탐색의 과정에서 개인과 국가에 있어 명예와 인권의 의미는 무엇인지를 다양한 인식적 차원에서 설명함으로써 독자들의 보다 폭넓고 현명한 이해를 구하고자 한다.

　제1차 세계대전의 성격을 규정하는 단어는 여러 가지가 있으나 향후 소개되는 영화의 본질을 이해하는 데 있어서 '총력전(Total War)', '무인지대(No Man's Land)', '참호전(Trench War)' 등이 적합하다고 생각된다. 먼저 총력전은 전쟁에 있어 최전선과 후방의 개념이 사라지고 기존 귀족이나 군인 신분의 중요성은 약화된 반면 사회 전체가 전쟁의 주체가 되었음을 의미한다. 또한 전쟁 수단의 발달로 강력한 무기들이 서로에게 치명적인 피해를 주게 되었음을 뜻한다. 한편 산업혁명으로 인해 유럽의 국가들이 막대한 부와 능력이 축적되면서 국가별 존재감이 상승하고, 전쟁을 국가 최대 사업이라 생각하는 경향이 전쟁의 소용돌이를 쉽게 야기함을 의미하기도 한다. 전쟁 수단으로서 항공기의 등장은 총력전의 특성을 가장 잘 나타내며 향후 소개되는 영화를 통해 그 의미를 보다 쉽게 이해할 수 있을 것으로 본다. 다음으로 무인지대는 분쟁지역에서 아무에게도 속하지 않는 지역을 의미한다. 제1차 세계대전 당시 서로의 참호를 둘러싼 철조망 너머 지역을 무인지대라고 불렀으며, 누구에게도 속하지 않지만 누구에게도 목숨을 담보할 수 없는 고통의 지역이라는 의미가 있었다. 중세 시대 무인지대는 영주들과 기사들의 피에프돔(영지, Fiefdom)에서 방치한 쓸모없는 지역으로 이해되었지만, 소개되는 영화에서는 기사로 상징되는 조종사들의 전투 중립 지역이라는 의미로 표현되기도 한다. 마지막으로 참호전은 제1차 세계대전의 참혹성을 나타내는 단어이며 가장 중요한 전쟁 방식이기도 하다. 항공 관련 영화소개에서 비참한 지상의 참호전을 등장시킨 이유는 이것을 이해하지 않고서는 제1차 세계대전의 모습을 제대로 설명하기 어려우며, 항공 영화에서 강조하는 조종사의 명예와 인권에 대한 인식이 지상전으로 전이되는 부분이 있기 때문이다.

　제1차 세계대전 이후 모처럼 찾아온 평화의 시기에 전쟁으로 지쳤던 많은 사람들은 안식의 시간을 보내고 있었지만, 항공발전을 위한 우리의 선구자들은 쉼 없이 불면의 밤을 보내고 있었다. 그들은 지금 우리 가슴속에 별이 되었고 그들의 밤은 어쩌면 우리의 낮보다 더 밝았을지도 모른다.

1장

마지막 기사도

붉은 남작(Red Baron)

개봉 : 2008년
감독 : Nikolai Müllerschön
주연 : Matthias
      Schweighöfer
제작 : Niama Film(영국, 독일)

붉은 남작이라 불리우는 독일의 '만프레드 폰 리히토펜'은 1916년 서부전선에 배치되어 영국군 전투기와 공중전을 벌인다. 공중전투에서 리히토펜은 영국군의 일원인 캐나다 조종사 브라운을 격추시키지만 격추된 그를 구하여 치료해 주게 된다. 리히토펜은 친동생인 로타를 비롯한 부하들에게 저항할 수 없는 적은 공격하지 말 것을 지시하지만 그들은 명령에 따르지 않는다. 후일 브라운은 포로수용소를 탈출하고 다시 공중전에서 리히토펜을 만나게 된다. 둘은 공중전투 중에 공히 무인지대에 비상착륙하게 되고 우정을 나누게 된다. 리히토펜은 전투에서 심각한 머리 부상을 입지만 사명감으로 다시 전투에 나선다. 1918년 4월 21일 영국군 항공기와 지상포화로 인해 불세출의 에이스는 전사한다.

라파예트(FlyBoys)

개봉 : 2006년
감독 : Tony Bill
주연 : James Franco
배급 : MGM Distribution
　　　 Co.(미)

1916년 미국의 젊은이들이 연합국을 돕기 위해 자발적으로 제1차 세계대전에 참전하며 프랑스 외인비행부대 Lafayette Escadrille에 배속된다. 주인공 로울링을 비롯한 신입 조종사들도 항공전투에 참여하게 되는데 신입인 넌은 공중에서 피격되어 가까스로 비상착륙을 한다. 이때 독일군 블랙 팰콘이 나타나 지상의 넌을 기총으로 사살한다. 이를 지켜보는 독일 조종사 울퍼드는 고개를 흔들며 못마땅해한다. 이후 공중에서 주인공 로울링과 울퍼드가 만나게 되는데 마침 로울링은 기총이 고장 나 어쩔 수 없는 상태가 된다. 그러자 울퍼드는 로울링을 격추시킬 수 있음에도 거수경례 후 사라진다. 또 다른 전투에서 다시 만나게 된 두 사람……

　　제1차 세계대전의 항공전투를 다룬 영화 「붉은 남작」과 「라파예트」는 주인공의 국적은 다르지만 전쟁을 바라보는 시각에서 공통점이 있다. 「붉은 남작」의 주인공은 '리히토펜'이며, 「라파예트」는 주인공 '로울링'이 '울퍼드'로 묘사되는 '리히토펜'을 전쟁에서 상대한다. 두 영화의 주인공들이 영화를 통해 보여주는 이미지는 중세 때부터 이어지는 기사도이며 주인공들의 행동을 통해 20세기 초 새로운 스타일의 기사도를 만날 수 있다. 「붉은 남작」에서 '리히토펜'은 적군 장례식장 상공에서 조화를 투척하기도 하고, 부하들에게 저항할 수 없는 적에게는 공격하지 말 것을 주문한다. 또한 공중에서 적을 만나면 인사를 건네기도 하고 적과 함께 추락하자 무인지대에서 만나 우정을 나누기도 한다. '리히토펜'의 기사도에 입각한 행동이 실제 있었는지 여부는 현재 증명하기 어려우며 일부는 작가적 상상력에 의한 것으로 보여진다. 하지만 '리히토펜'이 남긴 편지 및 비망록과 지인들의 증언 등을 통해서 사실일 것으로 추정되는 많은 부분을 발견할 수 있다.

'리히토펜'은 독일군 입대 초기에 정찰기를 조종했었다. 정찰기는 무장을 장착하지 않았고 공중에서 적기를 만나도 별로 할 수 있는 게 없었다. 그러다 보니 과거 기사들이 다른 기사를 만나면 '나 누군데 싸울 의사가 없소.' 하고 투구 가리개를 올리던 관행의 경례를 하게 된 것으로 보인다. 그러던 어느 날 영국군 조종사들이 정찰을 하러 온 독일군 비행기에 격분하여 기관총을 싣고 올라가 쏜 뒤로 공중에서 항공기간 전투는 당연하고 일상적인 것이 되었다. '리히토펜'은 자신의 글에서 저항하지 못하는 적을 공격하는 행위를 경멸한다는 내용을 기록하였다. 이러한 사실을 통해 '리히토펜'이 진정으로 "내 명예가 모든 사람들에게 입증되고 존중되려면 상대방도 동일하게 존중되어야 한다. 그렇기 때문에 적이 패배하여 목숨을 잃더라도 명예로운 죽음을 맞이해야 하며 그의 죽음도 존중되어야 한다."는 기사도적 인식을 가진 것으로 이해된다. 반면 이러한 이해에 대해 일부 관객들은 동의하지 않을 수도 있을 것이다. 기사도라는 것이 중세 시대 기사들이 지향했던 의식이고 제1차 세계대전 당시 항공기를 일반인들이 접하기는 어려웠지만 조종사가 되는 데 있어 신분 및 출신의 제한이 없었다는 사실에서 조종사와

하늘 영화로 하늘을 보다

기사의 정신을 동일시하는 데 거부감을 가질 수 있다고 본다. 따라서 기사도적 명예라는 것은 시대, 지역, 개인과 국가에 따라 다르게 정의될 수 있다고 봐야 한다. '리히토펜'을 포함한 제1차 세계대전의 다수 조종사들이 다양한 기사도를 보여주기도 하지만 영화「붉은 남작」에서는 '리히토펜'의 친 동생인 로타가, 1971년 개봉된 영화「폰 리히토펜과 브라운」에서는 후일 독일 공군의 총수가 되는 '괴링'이 '리히토펜'이 요구하는 기사도에 입각한 교전수칙을 수용하지 않는 모습도 보여준다.

영화「폰 리히토펜과 브라운」에서는 '리히토펜'이 격추된 적기에서 전리품으로 항공기 휘장(국가나 단체를 상징하는 징표)을 뜯어 와서 자신의 방에 장식품으로 두는 장면이 있다. 이것을 통해 기사도 정신을 가진 '리히토펜'이 명예를 상품화하고 자신의 명예를 과시하는 데 집착한다고 비판할 수 있을 것이다. 하지만 중세 시대의 기사들은 중요한 라이벌을 이긴 경우 승리의 징표로 상징적인 물건을 가져가는 것이 관행처럼 되어 있었으며 '리히토펜'에게는 또 다른 시대적 이유가 있었던 것으로 보인다. 조종사들은 적기의 격추를 통해 자신의 명예가 상승되었지만 실제 적기의 격추를 입증해야 하는 책임도 발생한 것이다. 제1차 세계대전부터 조종사들에게 '에이스(Ace)'라는 말이 회자되었다. 에이스의 어원은 확실치 않으나 많은 사람들이 프랑스 말인 'as'에서 온 것으로 알고 있다. 프랑스 말인 'as'는 특정 기술이 체득화된 개인을 의미한다. 제1차 세계대전부터 에이스는 능력이 뛰어난 조종사를 의미하기 시작했으며, 나라별 항공 군(軍)에 따라 차이가 있기는 하지만 통상 5대 이상의 적기를 격추한 조종사에만 그 호칭이 부여되었다. '리히토펜'도 전사할 때가지 80~100대의 비행기를 격추시켰지만 입증에 대한 부담이 있었을 것으로 생각된다.

「붉은 남작」에서 '리히토펜'과 '브라운'은 공중전투 중 무인지대에 추락하여 다시 만나게 된다. 두 사람은 서로에 대한 존중을 표현하고 전쟁의 무의미함을 토로하게 된다. 물론 이 장면은 작가의 상상력이지만 이를 보면서 불현듯 필자가 2008년부터 3년간 워싱턴 주미한국대사관에서 공군무관으로 근무했던 시절이 생각났다. 한국 대사관에서 불과 100m도 떨어지지 않은 곳에 주미일본대사관이 있다. 필자와 일본 공군무관 '오자키'는 군사교류협력을 위해 친밀한 관계를 유지했다. '오자키'는 녹록지 않은 한일관계를 언급하면서 "많은 일본인들의 역사 인식은 한국인들의 인식과 크게 다르지 않다. 그런데 정치가 개입하는 경우 그 이야기는 크게 달라지며 그것이 못내 가슴이 아프다."라고 이야기하였다. 이것은 개인이 특정 사안을 접근하는 인식과 국가가 접근하는 인식이 다르다는 것을 의미할 수 있다. 필자는 '오자키'에게 "우리가 적어도 공중에서 항공기의 기수를 마주하는 경우는 없도록 하자."고 부탁하였다. 역사는 필연과 우연이 중단과 반복을 거듭하기 때문이다.

영화 「라파예트」는 원제가 「Flyboy」이지만 한국어로 번역된 제목이 훨씬 더 영화의 주제를 잘 표현하고 있다고 느껴진다. 미국의 유능한 젊은이들이 제1차 세계대전이 발발하자 미국의 공식적 참전이 없었음에도 개인적으로 참전하는 데는 '라파예트'가 주는

하늘 영화로 하늘을 보다

함의가 크다고 본다. 프랑스의 귀족이자 군인이었던 '라파예트'는 1776년 미국 독립전쟁이 발발하자 미국의 자유 사상을 지지하고 참전을 결정한다. 프랑스가 국가 차원에서 참전을 결정하지 않아 '라파예트'는 개인 신분으로 사재를 털어 '라 빅투아르'라는 배를 구입한 뒤 대서양을 건너간다. '라파예트'는 미 육군 소속으로 활약하였으며 1781년 요크타운 전투에서 큰 공을 세워 조국 프랑스에는 신대륙의 영웅으로 알려진다. 제1차 세계대전 발발로 미국을 도와왔던 프랑스가 위기에 처하자 미국의 젊은이들은 동맹과 우정의 상징인 라파예트에 대한 존중을 표하기 위해 국가가 요구하기 전에 자발적으로 라파예트 비행대대로 모여든 것이다. 물론 라파예트 비행대대에 자원한 조종사들이 자신들의 이상 추구와 미국을 위한 애국심과 희생정신이 없었다는 것을 의미하는 것은 아니다.

영화 「라파예트」에서도 기사도와 명예에 대한 주제는 선명히 드러난다. 주인공 '로울링'은 자신의 기총 고장을 알아차린 '울퍼드(리히토펜으로 추정)'가 과거 자신과의 교전을 회피하였던 사실을 상기하고 완벽한 격추 상황에서 한 발짝 물러선다. 그것은 적어도 동일한 조건에서 나의 명예가 입증되어야한다는 '리히토펜'의 방정식을 따르고 있는 것이다. 한편 주인공 '로울링'이 영화의 마지막 부분에서 기사도와는 거리가 먼 독일군 조종사 '블랙 팰컨'의 비행기에 다가가 권총으로 그를 살해하는 장면은 명예를 지키기 위한 근대 지상 결투의 모습을 보여주고 있다. 20세기 초까지 유럽과 미국 사회에는 개인의 명예를 지키는 수단으로 개인 간 결투가 엄연히 존재하고 인정되었다. 영화에서 '로울링'은 자신과 '울퍼드' 등이 추구하였던 하늘의 기사도를 지키지 않은 '블랙 팰컨'에 대해서 지상의 결투 방식으로 처단한 것이다.

2장

참호의 악몽

서부 전선 이상 없다(All Quiet on the West Front)

개봉 : 2022년
감독 : Edward Berger
주연 : Felix Kammerer
배급 : Neflix(미)

1917년 주인공 폴은 친구 알버트, 프란즈, 루드비히 등과 함께 학교 선생님의 애국적인 연설을 듣고 만 17세 나이에 군에 자원입대한다. 하지만 입대 첫날 밤 루드비히가 포격으로 사망하면서 환상은 깨지고 만다. 시간이 흘러 독일군의 사상자가 몇 주 사이 4만 명에 달하자 독일 국무장관 에르체베르크는 1918년 11월 7일 독일군 최고사령부에 휴전을 건의한다. 에르체베르크는 11월 9일 대표단을 꾸려 연합군과 회담을 위해 출발한다. 같은 시간 폴은 도착하지 않는 신입병 60명을 찾아 나서는데 모두 가스에 질식사한 채 발견된다. 11월 11일 1100부로 전쟁을 중지하는 휴전협정이 조인되지만…….

1917

개봉 : 2019년
감독 : Sam Mendes
주연 : George Mackay
배급 : Universal
　　　Pictures(국제)

영국군은 항공정찰을 통해 독일군이 전략적으로 후퇴한 사실을 알게 되고 전방에 있는 데번셔 연대 2대대에 이 사실을 알리려 한다. 2대대가 기계획된 공격을 수행할 경우 모두가 위험에 빠질 수 있는 상황이었다. 하지만 전화선이 차단되어 이 사실을 지휘관 맥킨지 대령에게 전달할 수 없다. 그러자 영국군은 2대대 소속 블레이크 중위의 동생인 톰과 친구 스코필드를 전령으로 파견한다. 둘이 이동하던 중 독일군 참호에서 주인공 스코필드가 죽을 위기에 처하지만 톰의 도움으로 살아난다. 이동하던 두 사람 옆으로 독일군 비행기가 추락하고 조종사는 화염에 휩싸인다. 둘은 조종사를 구해내지만 톰이 그 조종사의 칼에 찔리게 되고……

　영화 「서부 전선 이상 없다」와 「1917」에서 공히 담아내고 있는 메시지는 참호전의 실상을 통해 제1차 세계대전 더 나아가 인류가 끊임없이 만들어 내고 있는 전쟁에 대한 회의와 근본적인 질문을 던지는 것이다. 참호는 진흙, 고인 물, 쥐와 이 등으로 인한 병균이 득실거려 전투화를 벗거나 제대로 누울 수도 없어 병사들에게 참호족을 가져오고 최악의 경우 발을 절단해야 하기도 한다. 아군과 적의 참호는 방어목적으로 만들어져 있어 서로가 참호를 강력히 지키고 있는 동안 전선은 고착되기 쉽다. 고착되고 지연되는 상황을 타개하기 위해 아군과 적군은 서로에게 포격을 가하게 되고 참

　　　　　　　　하늘 영화로 하늘을 보다

호 안에는 서서히 사망자와 부상자가 쌓여가는 것이다. 계속되는 포격은 개인에게 정신적인 충격을 주어 극심한 고통을 겪게 되며 후일 외상 후 스트레스 장애로 남게 된다. 한편 참호를 벗어나 돌격을 감행하는 순간 끔찍한 학살의 현장이 펼쳐진다. 철조망 넘어 달리는 병사들은 죽음의 위협에 그대로 노출되며, 참호에서 마주친 병사들은 단지 살아남기 위해 상대를 죽이는 살육의 현장을 만들어 낸다. 이에 더해 제1차 세계대전에는 화학탄이 사용됨으로써 인간의 대량살상이라는 인류 공포를 만들어 냈으며 현재까지 대량살상무기는 인류가 해결해야 할 근본적 문제가 되고 있다.

앞에서 살펴본 「붉은 남작」과 「라파에트」에서 언급된 기사도 정신은 참호전이라는 아수라장 앞에서는 언급하기조차 미안하고 부적절한 관념이 된다. 공중에서 펼쳐진 기사도도 단지 그들만의 리그(League) 또는 배부른 소리가 될 것이다. 하지만 영웅적이고 명예로운 기사도 정신이 참혹한 지상전에 묘하게 변형되어 적용되는 것에 주목해야 할 필요가 있다.

2022년에 개봉된 「서부 전선 이상 없다」는 독일에 의해 제작된 것으로 미국에서는 이미 1930년과 1979년에 개봉관 및 TV 방송용으로 제작된 바 있다. 3편 영화들의 전개가 조금씩 차이가 있지만 공통의 출발점은 학교 선생님의 전쟁 참여 독려 연설에 고무되어 주인공을 비롯한 18세의 어린 친구들이 학도병(學徒兵)으로 전쟁에 참가하는 장면이다. 중세부터 근대에 이르기까지 유럽의 전쟁은 영주와 기사들로 대변되는 상류층들이 종교와 민족주의 가치를 내

세워 전투를 수행했었다. 하지만 프랑스 혁명을 기점으로 국민군이라는 새로운 주체 세력이 등장하였고, 제1차 세계대전이라는 전대미문의 대규모 전쟁이 발생하면서 국가가 전쟁을 대하는 생각이 달라졌다. 거대한 군대를 일부 귀족층으로만 운영할 수 없으며 넓은 중산층들을 수용해야 할 필요가 발생한 것이다. 동시에 국민들이 전쟁 참여의식을 가질 수 있도록 과거 기사들이 고민해야 할 주제를 국민들에게 공유하거나 강요하게 된 것이다. 환언하면 유럽에서 오랜 기간 사람들의 전쟁 인식의 요체로 자리 잡은 기사들의 영웅적인 모습을 프로파간다(선전 및 선동)를 통해 불러일으키고 국민들에게 그들이 되어달라고 요구하는 것이다. 선생님의 연설은 독일이 수행하는 전쟁에 대한 맹목적인 찬동과 희생을 요구하는 것으로 어린 주인공들은 그것이 프로파간다였음을 참전 후 점차 느끼게 된다. 독일은 많은 젊은이들의 소영웅주의를 불러일으키기 위해 1813년 최초로 수여된 바 있고, 1870년 프로이센-프랑스 전쟁을 기념해 다시 제정된 철십자 훈장을 게르만계가 아닌 병사들에게도 확대하여 수여한다. 독일이 전쟁을 수행하기 위해 과거 기사도로 대표되는 명예심을 확대 및 재생산함으로써 국민들은 국가가 의도한 전쟁범죄에 내몰리게 되는 것이다. 레마르크의 원작 소설과 1930년 미국에서 제작된 영화 「서부 전선 이상 없다」는 독일의 프로파간다를 통해 저지른 과오가 재현되는 것을 막기 위해 작성되고 제작되었으나 결국 그 뜻을 이루지 못하였다.

독일의 선전부 장관이었던 괴벨스는 미국이 제작한 1930년 「서부 전선 이상 없다」의 수입과 상영을 금지하였으며, 외부로부터 유입되는 일체의 전쟁과 관련된 소설, 영화 및 뉴스에 대해 사전 검열을 실시함과 동시에 국내 언론을 통제하였다. 반면, 나치의 이데올로기를 문화적으로 정착시키기 위한 여러 조치들을 실시하였는데 그중의 하나가 「서부 전선 이상 없다」와 대척점에 설 수 있는 영화를 만드는 것이었다. 다수 영화 중 가장 눈에 띄는 영화가 1935년 제작된 「의지의 승리(Triumph of Will)」이다. 영화는 독일의 영광을 회복할 수 있는 '아돌프 히틀러'의 카리스마적 리더십 확대, 독일과 나치당의 단결과 규율의 중요성, 나치 규범에 의거한 국가재건, 국민적 열망과 나치 지지에 부응, 나치의 잠재적 위협 제거 등을 강조한 것으로 선동적 효과가 상당히 있었다. 결국 이러한 움직임은 제1차 세계대전에 대한 반성은커녕 제2차 세계대전이라는 대재앙의 전주곡이 되고 만다.

독일처럼 국가의 선동에 의한 잘못된 전쟁 발발과 국민적 희생이 따르는 것은 경계하고 반복되지 않아야 함이 마땅하다. 그러나 독일과 같은 국가에 의해 침략을 당한 국가의 경우 국가를 지키기 위해 국민들이 자발적으로 전쟁에 참여하는 것은 본질적으로 차이가 있다. 설사 국민들의 전쟁 참여를 위한 독려가 있었다 할지라고 선동이라고 폄하할 수 없다. 필자의 선친은 6.25 전쟁 당시 주인공 폴과 같은 18세의 사범학교 학생이었다. 선친의 말을 빌리자면 전쟁 소식을 듣고 급우들과 함께 토론을 벌였다고 한다. 그 결과 조만간 교사가 될 자신들이 어려운 시기에 모범을 보이지 않는다면 후일 선생으로서 자격이 없을 것이라는 결론에 이르렀다고 한다. 각자 집으로 돌아가 짐을 꾸리고 모이기로 했는데 할아버지가 어떻게 귀신같이 알아차렸는지 집에서 한 발자국도 못 움직이게 감시하셨다고 한다. 틈을 보고 있는데 그다음 날 새벽에 마침 비가 주룩주룩 내려 쌀 한 자루를 둘러메고 몰래 집을 빠져나갔다고 한다. 선친은 운이 좋아서 낙동강 전선 쪽으로 배치되었지만 동료 중 일부는 포항-안강전투에 참가하여 전원 순국하였다고 한다. 선친은 북진하는 국군을 따라 함께 이동했는데 어느 날 갑자기 다들 집으로 돌아가라고 해서 영문도 모른 채 집으로 돌아왔다는 것이다. 그것은 아마도 1951년 3월 이승만 대통령이 "국가의 앞날을 짊어질 청년학도들은 학교로 돌아가라."는 복교령을 내렸기 때문일 것이다.

영화 「1917」은 전쟁에 참여한 병사가 전령이 되어 마주치는 전쟁의 참상과 도전의 역정을 담고 있다. 특히 본 영화에서는 두 가지 장면에 주목할 필요가 있다. 첫째는, 전령으로 출발하는 스코필드와 톰에게 문서를 대대에 전달하게 될 때 모두가 있는 장소에서 확실하게 읽어주라는 상관의 지시였다. 둘째는, 톰이 추락한 조종사의 고통을 덜어주려다가 자신이 죽는 상황이다. 먼저 왜 문서를 모두가 있는 곳에서 읽으라고 했을까? 그것은 정보를 모두에게 공개하면 오해의 소지는 줄어들고 상부의 지시나 지휘에 대한 높은 이해와 신뢰를 가지게 된다. 또한 이를 통해 각자가 수행해야 할 일을 정확히 인식하고 책임감을 가질 가능성이 높아진다. 이렇게 하지 않거나 인식하지 못했을 때 발생하는 문제점을 영화 「서부 전선 이상 없다」와 「1917」은 적나라하게 보여준다. 「서부 전선 이상 없다」에서는 휴전협정 적용시간이 임박했는데도 지휘관은 자신의 전쟁 인식을 부하들에게 강요하고, 죽음에 이르는 불필요한 공격명령을 내리게 된다. 「1917」에서는 주인공 스코필드가 구사일생으로 맥킨지 대령에게 도착하여 공격중지 명령서를 보여주려 하는데도, 맥킨지 대령은 한동안 보려고도 하지 않다가 어쩔 수 없이 확인 후 공격을 중지하게 된다. 그러면서도 맥킨지 대령은 오늘 공격을 했어야 전쟁을 끝낼 수 있다고 아쉬움을 토로한다. 또한 모두가 죽어야 전쟁이 끝나므로 공격중지 명령은 죽는 것을 며칠 연장한 것에 불과하다는 자조 섞인 말도 늘어놓는다. 전쟁의 상황은 자칫 개인의 경직된 사고를 강화하고 판단력을 흐리게 한다. 비밀작전이 아닌 이상 공개적이고 단순한 메시지의 전달은 전체의 올바른 이해와 조치를 위해서 꼭 필요하다는 것을 생각하게 하는 장면이다.

다음으로 「1917」에서 톰은 추락한 독일군 조종사의 고통 없는 죽음을 위해 배려하다가 자신이 오히려 조종사에게 살해당하는 역설적 참담함을 맞이한다. 이것이 전쟁의 우연과 혼란이 가져오는 복잡성(complexity)이며, 전쟁에는 이해하기 어려운 영역이 존재함을 잘 설명하고 있다. 이러한 장면에서 단순히 전쟁은 인간성을 말살하므로 전쟁은 절대 반대 등으로 인식의 방향을 한쪽으로만 몰아가는 것은 우리가 반복되는 역사와 현실을 애써 모르는 척하는 것일 수 있다. 톰이 보여줬던 인권 존중의 생각은 최악의 상황에서도 피어나는 꽃과 같은 것이며, 독일군 조종사에게서 배은망덕보다는 죽음의 공포가 가져올 수 있는 우발적 행위의 경계 필요성을 찾아내는 시각도 필요할 것이다.

잠들지 않는 밤

・3장・

잠들지 않는 밤

저것이 파리의 등불이다(The Spirit of St. Louis)

개봉 : 1957년
감독 : Billy Wilder
주연 : James Stewart
배급 : Warner Bros.(미)

린드버그는 '라이언 에어라인'이라는 소형 항공회사를 통해 자신이 원하는 항공기를 90일 만에 제작한다. 그리고 1927년 5월 19일 뉴욕을 이륙하여 대서양 횡단을 시도한다. 이륙 후 얼마 지나지 않아 이틀간 잠을 이루지 못한 결과로 졸게 되지만 날아든 파리 때문에 놀라 깨기도 한다. 이륙 후 18시간이 지나자 날개와 엔진에 결빙이 발생하고 비행고도 유지가 어렵게 된다. 안전을 위해 비행경로를 수정하는데 이때 엔진이 정지된다. 신속히 공중 재시동을 실시하고 다시 경로에 진입을 시도하지만 나침반까지 고장 난다. 린드버그는 별자리를 보면 항법을 하게 되고 새벽녘에는 잠에 빠져 대양으로 곤두박질친다. 이때 햇빛이 거울에 비치며 겨우 위기를 모면하게 되는데⋯⋯.

하늘 영화로 하늘을 보다

야간비행(Night Flight)

개봉 : 1933년
감독 : Clarence Brown
주연 : Clark Gable
배급 : Metro-Goldwyn-
　　　 Mayer(미)

엄격한 비행운영 감독관인 리비에르는 불순한 기상에도 불구하고 정상적인 야간비행 우편수송을 위해 조종사 파비앙과 통신사를 함께 비행에 투입한다. 그러나 두 사람은 악천후 속에서 비행을 하던 중 연료가 부족하여 바다에 추락한다. 그러나 이런 상황에도 리비에르는 다른 조종사에게 야간 우편물 수송을 지시하고 그의 부인은 남편의 비행을 만류한다. 임무를 부여받은 조종사는 위험한 상황에서도 우편물을 정상적으로 수송한다. 해당 조종사는 임무 종료 후 그 우편물이 기껏해야 파리에 있는 사람에게 전달될 엽서 정도이겠거니 생각하지만 사실 혈청수송으로 한 어린 생명을 살려내는 의미 있는 비행이 된 것이었다.

　1차 세계대전이 끝나고 모든 사람들은 일상으로 돌아갔으며 전쟁을 통해 습득한 기술을 바탕으로 항공은 더 큰 발전을 이루어 갔다. 동시에 항공인들은 발전된 항공력을 바탕으로 기존의 한계를 뛰어넘는 도전을 시도하였다. 영화 「저것이 파리의 등불이다」는 한계를 극복하기 위한 인간의 도전을 잘 보여주는 영화이다. 한국어 영화 제목은 원제보다 좀 더 감동적이고 역사적 사건의 현실감을 더해준다. 반면 원제 「The Spirit of St. Louis」는 상징성이 강한 제목이다. 원제목은 린드버그가 무중단 대서양 횡단비행에 활용한 항공기의 이름임과 동시에 시대적 상징성을 담고 있다. 항공기의 이름은 항공기 제작에 재정적 지원을 해준 미주리주 세인트루이스 시민들에 대한 감사의미를 담고 있다. 세인트루이스는 서부개척 시대의 출발지점으로 20세기 초반 미국에서 가장 번성했던 도시이기도 하며, 명작 항공기를 만들어 냈던 '맥도넬 더글라스'를 합병한 '보잉'사가 현재에도 위치하고 있다. 동시에 항공기의 이름은 당시 항공발전에 대한 미국인들의 열망과 미래 항공발전을 기원하는 상징적 의미가 있는 것이다.

「저것이 파리의 등불이다」의 화면을 21세기 감각으로 따라가면 공감의 영역이 비행 중 겪게 되는 인간적 어려움과 극복 노력 등으로만 한정될 수 있다. 물론 그것만으로도 영화가 우리에게 주는 충분한 의미가 있다. 하지만 당시의 배경과 기술 수준을 알고 린드버그의 영화를 살펴보는 것은 항공발전의 맥락과 린드버그의 도전에 대해 다른 차원의 이해를 가능하게 한다. 린드버그 이전에도 많은 사람들이 단독 무중단 대서양 횡단비행을 지속적으로 시도했었다. 그러나 번번이 도전에 실패했던 것은 연료 부족, 기상 악화, 항법장비 성능의 제한, 항공기의 잦은 고장 등으로 인해 항공기의 설계 단계에서부터 많은 어려움이 발생했기 때문이다. 린드버그는 이전 실패 이유를 해결하기 위해 조종사인 자신에게 어려움을 가장 많이 부과하면서도 항공기의 기계적 어려움을 가장 잘 해결할 수 있는 도전적 비행설계를 채택했다. 장거리 비행을 위해서는 연료를 가능한 많이 탑재해야 하는 동시에 자체 중량은 가능한 줄여야 했다. 먼저 많은 연료탑재를 위해 날개에 연료통 탑재는 물론 앞쪽 프로펠러 엔진이 있는 곳까지 연료통을 장착한 것이다. 이런 의도적

설계로 인해 린드버그의 항공기 조종석에서는 앞이 보이지 않는다. 앞을 보기 위해서는 창으로 머리를 내밀거나 잠수함처럼 '페리스코프'를 사용하였다. 항공기의 중량을 줄이기 위해서 생명보호를 위한 마지막 수단인 낙하산도 비치하지 않았고, 심지어는 연료량을 확인하는 연료 게이지도 장착하지 않았다. 이로 인해 비행 중 연료 계산은 자신이 지상에서 수십 번의 실험을 통해 축적된 시간대별 연료소모 데이터에 근거하여 산출하였으며, 각각의 연료탱크를 시간대별로 수동으로 선택하면서 비행하였다. 또한 항공기 구조가 단순해야 고장이 적다는 판단 아래 기초 설계를 하였는데 엔진에 바로 붙여 연료통을 장착한 것도 그런 이유에서였다. 엔진이 있는 앞쪽에 연료통을 설치한 것은 날개의 연료가 이송되는 데 문제가 발생해도 비상조치할 여유가 확보되며, 앞쪽 연료통으로 인해 마지막까지 무게중심(Center of Gravity)이 앞에 남아 있어 항공기를 조종하는 데 도움이 되는 측면도 있기 때문이었다.

린드버그가 비행설계와 제작을 통해 비행준비에 만전을 기하였지만 막상 비행에서 문제가 된 것은 자신의 컨디션 유지와 자연의 간섭이었다. 린드버그는 비행에 대한 부담으로 그 전날부터 잠을 이루지 못하였다. 실제 대서양 횡단 비행시간은 33.5시간이었지만 50시간 이상 깨어 있는 상태였기 때문에, 린드버그의 비행은 거의 제정신이 아닌 상태에서 진행된 것과 마찬가지이다. 따라서 여러 가지 신체적 부작용이 수반되었을 것이며 여기에 좋지 못한 기상은 설상가상의 상황을 연출했을 것이다.

영화와 린드버그의 기록을 통해 역사적 비행을 복기해 보면, 이륙 후 18시간이 지나 항공기 표면에 결빙이 생기자 공기가 좀 더 따뜻한 남쪽으로 가기 위해 항로를 이탈해야 했고 엔진도 말썽을 부리기 시작한다. 다시 항로에 진입하려고 나침반을 보니 고장이 났고, 하늘의 별자리라도 참고해서 비행하려 했는데 구름이 끼고 시정이 나빠져 별도 안 보이는 상황을 맞이한 것이다. 왜 또 그렇게 잠은 쏟아지는지는 것인지. 조종사가 극도의 피로와 불면에 시달리면 정도의 차이가 있지만 감각 기능의 저하와 환각 증세를 경험하게 된다. 공간 감각이 서서히 무너지면서 부정확 자세를 올바르다고 느끼고 심해지면 추락하는 상황에도 적절한 대처를 하지 못하게 된다. 시간 감각에도 문제가 발생하게 되는데 조금 전 내가 했던 것에 대한 확신이 들지 않거나 무척 오랜 시간이 지난 것처럼 느껴지기도 한다. 무뎌진 시간 감각은 통상 졸음과 뒤섞여 나타난다. 린드버그가 파리의 불빛을 확인하고 르부르제 공항으로 진입하면서 느꼈던 감정은 피곤할 때 나타나는 전형적인 야간착시 현상이다. 파리의 불빛과 하늘의 별이 혼동되는 현상이 발생했으며, 르부르제 공항에 착륙하는 과정에서 착륙의 어려움을 겪는다. 야간 착륙과정에 일어나는 이러한 착시 현상은 통상 높이에 대한 판단을 어렵게 한다. 아직 착륙 시기가 되지 않았는데 착륙 자세를 유지한다든지 땅이 닥치는데도 착륙 자세로 변경하지 않는 등의 위험 상황이 발생한다. 린드버그의 대서양 무중단 횡단 비행이 의미가 있는 것은 이러한 위험의 순간들을 개인의 의지와 인내로 극복했으며, 20만이 넘는 환영 인파에게 기쁨은 물론 미래의 희망을 선사했기 때문이다.

1933년 개봉된 「야간비행」은 조종사 '생텍쥐페리'의 경험을 담아 1931년 발간한 소설을 영화화한 것이다. 영화는 '생텍쥐페리'가 글로 표현한 인간 감정의 파동을 완벽히 담아내지는 못하였지만, 제1차 세계대전이 종료되고 난 후 항공분야가 우리의 삶에 어떤 영향을 미쳤는지 잘 보여주었다. 영화는 우편비행의 총책임자인 리비에르와 우편비행을 수행하는 조종사들의 입장과 상황에 주목한다. 리비에르는 악천후 야간기상으로 인해 임무를 제때 수행하지 않는 경우 회사가 마주할 경제적 어려움을 심각하게 고민한다. 반면 조종사들은 항공기가 예정시간보다 늦게 도착하거나 임무에 실패하는 경우 받지 못하게 될 보너스가 우선 걱정된다.

결국 악화된 기상에도 리비에르 지시에 따라 야간비행은 정상적으로 진행되고 조종사 파비앙은 위험한 하늘의 길에 올라서게 된다. 파비앙의 눈앞에 어떤 비행 상황이 펼쳐지는지 필자의 시선으로 추적해 보겠다. 파비앙이 비행하는 경로는 부에노스아이레스에서 파타고니아에 이르는 산악과 평원 그리고 대양의 해안을 평행하게 비행하는 남행 경로이다. 야간비행이 시작되자 곧장 폭풍우 구름에 진입하게 된다. 야간비행은 육안 이착륙과 항법이 가능한 상태에서 계기에 의존하는 비행을 해야 하는 것이 원칙이다. 결론적으로 파비앙의 야간비행은 이런 원칙에서 기본적으로 벗어나 있다. 영화에서 파비앙은 캐노피를 연 채로 비행을 하고 있다. 이러한 상태에서 항공기가 폭풍우 구름에 들어가면 심각한 덜컹거림과 고개가 젖혀질 정도의 바람을 만나게 되고, 시정 악화로 사방이 구분되지 않아 조종사가 제대로 조종간을 다룰 수 없는 상태가 된다.

또한 모든 계기들이 진동과 충격으로 비정상적 지시를 하면서 항법은 어렵게 된다. 진동과 충격이 심해지거나 지속되면 기체에 손상이 오며 엔진이 꺼질 가능성도 있다. 파비앙은 이런 어려움 속에서도 임무 완성과 자신의 생존을 위해서 조종에 최선을 다하고 있다. 그렇지만 야간 폭풍우 속에서의 비행은 인간에게 감당하기 어려운 정신적 고통까지 준다. 그것은 비행착각과 스트레스이다. 종종 계기의 지시치가 나의 평형감각과 불일치하는 상황이 찾아온다. 이러한 상황을 통상 비행착각 혹은 버티고(Vertigo)라고 한다. 분명히 자신이 수평 상태의 비행을 하는 것 같은데 항공기 계기는 깊은 강하각을 지시하고 있는 것이다. 이때 조종사는 아! 계기가 잘못되었다고 생각하며 계기를 불신하기 시작한다. 실제는 조종사의 감각이 잘못되었는데도 말이다. 이런 경우 계기 지시치에 맞게 조종간을 조작해야 하는데 이것이 말처럼 쉽지 않다. 그 어려움은 통상 가위에 눌렸을 때 힘을 집중하여 벌떡 일어나는 모습을 상상하면 비슷하다. 정신적 스트레스 경우 필자는 구름이 층층이 있는 상태에서 장시간 야간 편대비행을 하면서 느꼈던 적이 종종 있다. 지금의 비행 상태가 계속 유지되면 도저히 못 참을 것 같다는 느낌이 지속적으로 들고 심지어 울고 싶다는 생각이 들 때도 있다. 파비앙이 몰아치는 폭풍우 및 어두움과 사투를 벌이다가 문득 바라본 연료계기는 집으로 돌아갈 수 없음을 말해주고 있다. "Oh, My God!" 그가 할 수 있는 것은 오직 이 한마디를 내뱉는 것밖에는 없었을 것이다. 그리고 그들은 심연의 바다로 빠져들게 된다. 필자는 국가적 사명감에 주로 초점을 맞추고 살던 사람으로 타인의 개인적 고통을 이해하고 배려하는 데 매우 서투르다. 또한 지금의 젊은 세대의 가치는 내가 추구했던 것과 매우 차이가 있다는 것을 알고 있다. 그렇지만 개인의 안전이 직업의식 및 사명감으로 인해 경시되어서는 안 된다는 분명한 입장을 갖고 있다.

파비앙의 죽음에 일정 책임이 있는 리비에르는 안전의 가치를 잘 알고 있으며 자신 행동의 공정성에 대해서도 항상 의문을 갖는 사람이다. 반면에 엄격한 규율과 규칙을 통해 위험과 수익의 통제가 가능하다고 믿는 사람이기도 하다. 하지만 책임자가 자신의 공정성에 대해 스스로 의문을 가진다고 해서 그 사람이 전반적인 상황에 대해 융통성과 균형감을 가진 사람이라고 단정하기는 어렵다. 그러한 성향들이 어쩌면 자신의 상황 통제 믿음에 확신을 주는 면죄부일 수도 있다. 필자는 조종사 생활을 통해서 리비에르와 같은 통제의 확신을 갖는 사람을 많이 만났다. 이런 분들은 대부분 조직을 잘 운영한다는 외부 평가를 받으며 성과 위주의 성향을 지니고 있었다. 그러다 보니 안전을 표면적으로 내세우기는 하지만 실상은 성과에 더 마음이 가 있는 것이다. 리비에르적 사고를 하는 모든 이들에게 한 마디를 드리고 싶다. "안전은 사람에 대한 사랑이다!"

아문센(Amundsen)

아문센은 남극탐험 후 비행선을 이용하여 북극으로 갔으나 탐험에 실패하였다. 그 후 아문센은 이탈리아 탐험가 움베르트 노빌레와 함께 비행선을 타고 북극점 상공을 통과하고 알래스카에 착륙하는 성과를 이루었다. 그로부터 2년 뒤 아문센은 친구 움베르토 노빌레가 비행선으로 북극을 탐험하다가 조난을 당했다는 소식을 접한다. 아문센은 노빌레를 구조하기 위해 수상비행기를 타고 북극으로 나서지만 행방불명되는데…….

개봉 : 2019년
감독 : Espen Sandberg
주연 : Pal Sverre Hagen
제작 : Espen Horn
      (노르웨이)

아문센은 세계적인 극지탐험가로 노르웨이에서 국민적 영웅으로 칭송받고 있다. 그를 떠올리면 북극이라는 극한의 환경에서 배를 이용하고 개썰매를 이용하여 힘차게 달려가는 모습이 상상된다. 2019년 개봉된 영화 「아문센」은 기존의 모습에 항공탐험가로서 변모된 모습을 더해 보여준다. 영화는 수상비행기를 타고 친구 노벨리를 구조하기 위해 북극에 나섰다가 조난된 이후 과거를 상상하는 것으로 시작된다. 아문센은 북극탐험 이후 조종사 자격증을 취득했고, 린드버그가 대서양 횡단이라는 역사적 기록을 세우는 같은 해 비행선을 이용하여 북극횡단 비행에 성공하지만 일반

하늘 영화로 하늘을 보다

비행사 안창남

개봉 : 1949년
감독 : 노필
주연 : 경유정
제작 : 독립영화사

안창남은 1921년 일본 항공사 자격시험에서 수석합격을 하고 1922년에는 경기대회에서 2등을 한 뒤 교관생활을 시작한다. 1922년 12월 10일 고국을 방문하여 여의도 비행장에서 한국인 최초의 한반도 비행을 실시한다. 한국인들의 자긍심을 고취시킨 뒤 일본을 돌아가 비행생활을 하던 중 1923년 관동대지진을 겪는다. 지진으로 부상을 입은 안창남은 일본의 조선인 학살을 목격하고 독립운동에 투신하기로 결심하고 중국으로 망명한다. 1926년 여운형의 권유로 산서비행학교장으로 활동하며 1928년에는 대한독립 공영단을 조직한다. 1930년 산서비행학교에서 학생 교육 중 항공기 엔진결함으로 추락하여 사망한다.

인들에게 크게 알려져 있지 않다. 아문센은 친구이자 이탈리아 탐험가인 노벨리와 노르웨이를 출발하여 550km를 날아 알래스카에 착륙한다. 이때 노르웨이 및 미국 조종사들도 동승하였다. 물론 아문센의 북극횡단 비행이 여러 사람들과 함께 비행선을 이용하였고 린드버그의 비행거리 1/10에도 못 미친다고 저평가할 수 있다. 하지만 아문센의 비행이 북극이라는 극한의 상황을 돌파한 점을 염두에 둘 필요가 있다. 북극 상공의 온도는 비행선 고도를 높게 설정하지 않더라도 영하 40°C 이상을 쉽게 넘어간다. 추운 북극 상공을 당시 수준의 항공기로 비행하면 금방 서리와 결빙이 생겨 조종면이 잘 움직이지 않고, 엔진에 연결되는 밸브의 파열 등으로 엔진이 꺼지는 경우도 발생한다. 심지어 프로펠러기가 사용하는 연료인 AV Gas도 다소 차이가 있지만 영하 약 40°C부터 얼기 시작한다. 따라서 극지방을 비행하는 조종사는 항상 비행고장에 의한 불시착을 염두에 두고 비행했어야 했다. 운 좋게 불시착을 했다고 해서 살아남을 수 있는 것도 아니다. 얼어붙은 땅과 바다는 조종사에게 잠시 동안 생명유지를 허락할 뿐이다. 조종사들은 생존훈련을 통해 방수복을 착용한 상태에서는 섭씨 0~5°C에서 1~3시간 정도 생존할 수 있다는 것을 알게 된다. 개인적 특성에 의해서 생존 시간차는 발생하며 평상복을 착용한 상태에서는 1시간 이하가 보통이다. 북극해는 바닷물이 얼기 때문에 해수 온도가 영하 1.8°C에 가깝다고 판단되며 그런 경우 생존시간은 더욱 줄어들 것이다. 이런 극한상황에 노출되면 조종사는 저체온증 현상을 겪게 된다. 저체온증 현상은 꼭 물에 빠지거나 얼음 지역에 있지 않아도 항공기의 온도조절장치가 고장 나면 공중에서도 발생할 수 있다.

필자의 경우 조종사로서 가을철 바다에서 방수복을 착용하고 자주 훈련을 해봤지만 몸이 심하게 떨리는 정도 이외는 다른 상황을 경험하지 못하였다. 그러다가 2002년 스위스 유엔 옵저버 과정에서 저체온 현상을 제대로 경험하였다. 그 과정은 16개국 군인들에게 유엔임무를 수행하다가 인질로 잡혔을 때 대응하는 방법을 교육 및 훈련하는 것이었다. 당시 영상 8~10°C가 되는 맑은 날씨였고 훈련 장소는 알프스 산속이었다. 상의를 탈의하고 뒤로 손이 묶인 채 마침 아침에 비가 와서 약간 질퍽한 풀숲 옆에 무기력하게 누워 있었다. 그런데 30분이 지났는데도 아무도 오지 않는 것이었다. 슬슬 겁이 나기 시작했

하늘 영화로 하늘을 보다

다. 왜냐하면 내 몸이 떨리는 것을 감당할 수 없다고 느껴지고 훈련인데 진짜 죽을 수도 있겠다는 생각이 들기 시작한 것이다. 시간이 지날수록 분노와 포기의 생각이 반복되다가 주위가 검으면서도 아득하게 느껴지기는 순간들이 찾아왔다. 그때 누군가가 다가와서 무엇인가 물어보는데 잘 이해도 안 될뿐더러 내가 무슨 말을 해도 상대방이 못 알아듣는 것이었다. 그 훈련 이후 동료들은 나를 '외계인 스머프'라고 불렀다. 새파란 얼굴색(청색증)의 동양인이 알아들을 수 없는 외계어(어눌한 말)를 남발했기 때문이다.

아문센에게 날씨가 좋고 항공기에 문제가 없어도 항법의 어려움이 있었을 것이다. 당시 항법은 나침반 아니면 별자리를 보고 할 수밖에 없었고 극지방에서 나침반은 작동하지 않거나 그 신뢰성을 상실하기도 했다. 지구의 자장(Magnetic Field)이 극지방에서는 수직으로 형성되기 때문에 나침반의 정확한 정보를 제공할 수 없는 근본적 문제가 존재하는 것이다. 아문센의 극지방 비행을 통해서 나침반의 문제가 즉시 해결된 것은 아니지만, 1920년대 말 그의 역사적인 비행들을 후속하여 장거리 및 극지방 비행의 안전을 보장하는 항법장비가 나오기 시작한다. 먼저 라디오 통신을 이용한 고주파수(VHF) 전방향 거리(VOR)와 자동방향탐지(ADF) 장비 등이 항법에 사용되었다. 다음으로 자이로스코프와 가속도계를 이용하여 항공기 위치와 속도를 항법에 적용하는 관성항법체계(INS : Inertial Navigation System)가 나타났다. 그 뒤로는 현재 우리가 일상에서도 사용하고 있는 인공위성을 이용한 전 지구적 항법체계(GNSS : Global Navigation Satellite Systems)가 확산되었다.

필자는 아문센이 북극탐험의 최전성기를 주도하면서 국제적인 항공발전과 협력에 기여한 사실을 모두가 기억했으면 한다. 동시에 영화가 전달하고자 하는 아문센 실종의 의미도 함께 생각해 주길 바란다. 아문센은 친분이 있는 노빌레를 구조하기 위해 돌아올 수 없는 길을 나섰다. 그들의 친분과 우정을 우리가 잘 알 수는 없지만 분명히 역사적인 북극비행을 통해 두 사람 간의 강한 연결고리와 우정이 만들어졌을 것이다. 그런데 여기서 「붉은 남작」 리히토펜을 다시 생각하게 된다. '타인의 어려운 상황을 도와 명예를 회복하도록 만드는 것은 나의 명예가 올라가는 것이다.' 제1차 세계대전 이후 여전히 어려운 환경에서도 기사도적 명예를 생각한 아문센을 포함한 항공 선구자들의 사자후가 들리는 것 같기도 하다.

제1차 세계대전에서 일본이 영국과 동맹을 맺음으로써 한반도에 제1차 세계대전으로 인한 직접적인 영향은 크게 없었다. 반면 한국은 1910년 경술국치로 일제의 치하에 들어갔으며, 1919년 3.1 운동을 기점으로 한국인들의 독립을 향한 의지가 분출되었고 그것은 임시정부 수립으로 이어졌다. 1949년 제작된 영화 「비행사 안창남」은 이러한 독립의 의지가 하늘에서 어떻게 펼쳐졌는지를 보여준다. 안타깝게도 이 영화는 전반부만 현재 남아 있고 후반부는 전언을 통해 추정할 뿐이다. 1917년 안창남 소년의 눈에 미국인 Arthur Roy Smith가 용산에서 펼치는 곡예비행이 들어왔고 조종사가 되어야겠다는 결심을 하게 된다. 안창남은 1919년 일본으로 건너가 자동차 수리공 일을 하다가 1921년 '비행사 자격시험'을 수석으로 통과하면서 조종사로 본격적인 업무에 임하게 된다.

한편『동아일보』는 일제 치하 한국인들의 사기를 진작하고 독립의 의지를 고양하기 위해 일본에서 활약 중인 안창남을 한국에 초청한다. 안창남은 탈 비행기가 없어 창고에 폐기 처분을 기다리던 항공기를 보수 및 개조하여 금강호라고 명명하였다. 1922년 12월 10일 여의도에 운집한 수많은 한국인들 앞에서 금강호는 이륙하여 경성 시내를 일주한 다음 다시 여의도에 착륙하였다. 이 비행으로 한국인들에게 안창남은 일본에 대적하는 영웅이자 한국의 미래를 상징하는 인물로 부상하였다. 일본으로 돌아간 안창남은 관동대지진을 맞이하고 일본인들이 재일한국인들을 학살하는 사건에 격분하여 독립운동을 하기로 결심한다. 곧장 중국으로 망명하였고 여운형의 권유로 산서비행학교장으로 부임하여 조종사들을 양성하고, 1928년에는 '대한독립공영단'을 조직하기도 한다. 안창남은 1930년 중국에서 비행사고로 순국하지만 안창남이 걸어간 발자취는 한국인들에게 끊임없는 하늘에 대한 도전과 독립활동의 방향 등이 되었다.

한편 안창남과 같은 시기 중국에서도 한국 항공의 선각자들의 활동이 펼쳐졌다. 한국의 최초 여자 조종사 권귀옥은 3.1 운동으로 옥살이를 한 뒤 1920년 중국으로 망명하였다. 1923년 운남 비행학교를 졸업하면서 조종사가 되었고 중국 항공사령부의 일원으로 한국의 독립을 지원하였다. 1937년 중일전쟁이 일어나자 중국 육군 참모학교 교관으로 영어, 일어, 일본인 식별법 등을 교육하여 간접적으로 전쟁에 참여하기도 했다. 해방 후 귀국하여 공군창설을 위해 최용덕·이용무 등과 함께 노력하였으며 이로 인해 '공군의 어머니'란 별명도 얻었다. 권귀옥과 함께 활약한 최용덕은 한국 공군의 2대 참모총장이 된 분이다. 그는 경술국치 이후 중국으로 건너가 중국군 장교로 임관하였으며 1920년에는 보정항공학교에 입학하여 조종사가 된다. 최용덕은 한국 의열단 및 중국 국민혁명군 일원으로 일본에 대항하여 독립활동을 수행하였다. 해방 후 귀국하여 국방차관을 역임하였고 이후 한국 공군이 육군으로부터 독립하는 데 크게 기여하였다.

한국인들의 항공을 통한 독립운동은 미국에서도 이어졌다. 노백린은 황해도에서 출생하여 일본 육군사관학교를 졸업했다. 1900년 대한제국 육군소위로 임관하여 대령의 위치에 올랐지만 대한제국의 멸망에 책임을 느끼고 미국으로 망명하였다. 하와이에서 박용만 등과 함께 국민군단을 창설하고 300명의 독립군을 양성하였다. 3.1 운동이 발생하자 미주지역 한인들은 청년혈성단을 조직하였고, 독립운동의 핵심전력인 조종사가 되기 위해 LA 인근 레드우드 비행학교에 입교하였다. 한편 1919년 노백린은 초대 임시정부 국방장관이 되었고 1920년에는 미주 동포들에게 임시정부의 역할을 알리기 위해 미국을 방문하였다. 이때 청년혈성단원들을 만나 그들의 활동과 비행에 대한 열망에 깊은 감명을 받고 임시정부 비행학교를 설립하게 된다. 커티스 JN 제니 훈련기 3대를 매입하여 윌로우스에 한인비행학교(KAC : Korean Aviation Corps)를 설립한 것이다. 노백린은 항공의 중요성을 오래전부터 인식하였고 공군력 확보의 필요성을 지속적으로 강조하여 후일 공군 창설에 정신적인 지주가 되었다.

하늘 영화로 하늘을 보다

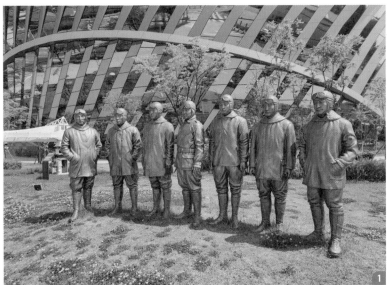

① 노백린과 6인의 항공 독립운동가(국립항공박물관)

② 권귀옥(국립항공박물관)

③ 최용덕

제2차 세계대전

    독일의 민족주의와 이탈리아의 파시즘 열풍은 유럽을 전쟁의 화마로 몰아넣었으며, 아시아와 태평양을 장악하려는 일본의 군국주의적 열망은 잠자고 있던 거인 미국을 참전시킴으로써, 제2차 세계대전이라는 세계 역사상 가장 큰 인명과 재산피해를 가져온 비극의 현장을 만들었다. 제2차 세계대전의 성격을 상징적 단어로 표현하자면 '화염의 폭풍(Firestorm)', '진주만(Pearl Harbor)', '원자폭탄(Atomic Bomb)'을 대표적으로 들 수 있겠다. 화염의 폭풍은 항공력이 제2차 세계대전에 있어 전략적 승패를 가를 만큼 중요한 전쟁 수단이 되었음을 의미한다. 특히, 독일군의 영국 본토 항공전 실패는 독일이 오랜 시간 품어왔던 영국 정복의 희망을 버리는 계기가 되었으며, 영국민들이 독일과의 전쟁에서 반드시 승리하겠다는 전의를 다지게 했다. 처칠은 본토 항공전에 임했던 조종사들에게 "역사상 이토록 많은 사람들이 이토록 적은 사람들로부터 이토록 큰 은혜를 받은 적이 없었다."며 최고의 찬사를 보냈다. 진주만은 미국이 외부세력으로부터 최초로 무기력하게 공격을 당한 치욕의 장소이며 태평양 전쟁의 시발점이다. 일본의 진주만 공격은 야마모토 이소로쿠의 우려처럼 잠자는 거대한 거인을 흔들어 깨웠고 그 결과 일본이 패망하고 제2차 세계대전은 끝을 맺게 된다. 반면 원자폭탄은 21세기 인류 최대의 전쟁에 마침표를 찍게 했지만 영원히 씻을 수 없는 상처를 동시에 가져다주었다. 또한 인류가 지금과 미래에도 고민하고 해결해야 할 과제를 남겼으며 한반도에도 그 어두운 그림자가 드리우고 있다.

하늘 영화로 하늘을 보다

· 4장 ·

하늘의 공포

공군 대전략(Battle of Britain)

개봉 : 1969년
감독 : Guy Hamoilton
주연 : Hary Andrews
배급 : United Artists(영)

1940년 6월. 유럽은 독일의 손아귀에 들어가고 히틀러는 영국이 독일의 유럽 통치권을 인정한다면 영국을 침공하지 않겠다며 휴전을 제안한다. 처칠은 이를 거부하고 '영국 본토 공방전'이 시작됐음을 국민에게 알린다. 독일은 영국 본토 전면공격에 앞서 공중우세확보를 위해 영국 남부의 주요공군 기지를 폭격한다. 영국군은 소규모의 편대로 적기를 효과적으로 격파하지만 갈수록 공군기지와 조종사의 손실은 늘어간다. 영국은 외국용병까지 동원하며 최선을 다하지만 더 이상 며칠을 버티기 힘들 것으로 판단한다. 하지만 1대의 독일 폭격기가 런던을 공격하지 말라는 명령을 어기고 실수로 런던을 폭격하게 된다. 처칠은 즉각 베를린을 폭격하라는 명령을 내리고 히틀러는 공격력을 런던으로 집중시킨다. 그 덕분에 영국 공군은 전력을 회복할 시간을 확보하게 되는데……

303 전투비행단(303 Squadron)

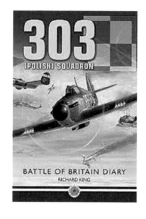

1940년 제2차 세계대전이 발발하고 독일이 폴란드를 침공하자 그해 가을 폴란드 조종사들은 영국으로 이동하여 영국 공군 소속이 된다. 그들은 폴란드 조종사로만 구성된 303대대의 일원이 되고 영국의 본토방어 항공작전에 참가하게 된다. 영국 조종사들은 초기 독단적 행동을 일삼는 폴란드 조종사들을 불편해하지만 점차 그들의 성과에 놀라게 된다. 폴란드 조종사들은 8명이 사망하지만 전쟁이 끝날 때까지 독일군 항공기 126대를 격추하는 혁혁한 전과를 달성한다.

개봉 : 2018
감독 : Denis Delic
주연 : Maciej Zakościelny
제작 : Mowi Serwis(폴)

영화 「공군 대전략(Battle of Britain)」은 독일이 영국 본토에 대한 상륙작전을 시행하기 이전에 영국에 대한 공중우세를 확보하고, 런던공습을 통해 영국의 전쟁의지를 말살하려던 마비전략의 수행 모습을 화면으로 잘 보여준다. 독일은 '독수리 날(Eagle Day, 1940. 8. 10.)' 영국 본토 총공세를 통해 확실한 공중우세(Air Superiority)를 확보하려 했으나 여러 가지 이유로 인해 그 목표를 달성하지 못하게 된다. 그 이유는 첫째, 영국 전투기들이 최전방 기지에 집중 배치됨으로써 독일 폭격기가 영국해협을 건너오기 전에 요격하고 신속히 기지로 돌아가 재급유 및 무장 후 다시 출격할 수 있어 영국 공군의 작전 효율성이 증대되었다. 둘째, 영국은 'Big Wings' 전술로 독일

하늘 영화로 하늘을 보다

댐 버스터(Dam Buster)

개봉 : 1955년
감독 : Michael Anderson
주연 : Richard Todd
배급 : Associated British
Pathe(영)

영국의 항공기술자 윌리스는 독일공업지대를 무력화하기 위해 전력공급원인 댐을 파괴할 무장을 개발하고 있었다. 댐은 물의 압력과 무게를 잘 견디도록 설계되어 있어 정확히 타격하지 않으면 피해를 줄 수 없었다. 한편 독일은 영국의 어뢰 공격을 막기 위해 댐 주변에 그물망까지 쳐놓았다. 영국은 이를 극복하기 위해 물수제비를 이용한 공격방법을 연구하게 된다. 임무편대장 깁슨 중령은 폭탄을 높은 고도에서 투하하면 쉽게 부서진다는 사실을 알고 초저공으로 진입 후 폭탄을 투하하는 방법밖에 없음을 알게 된다. 1943년 5.16일 영국 공군 랭커스터 폭격기 편대는 업키프 폭탄을 탑재하고 루르강 댐과 수력발전소 타격 임무에 나서게 되는데…….

폭격기가 목표물로 접근할 때 수개대대 전투기 전력을 폭격편대에 집중시켜 요격 확률을 높이는 동시에 영국군 전투기의 생존성도 높였다. 당시 이 전술은 영국군 전투기 운영의 융통성을 제한하며 혼란을 가중시킨다는 반론이 만만찮았지만, 전후 평가에서 효과가 있었던 것으로 분석되었다. 셋째, 영국 공군은 신속한 항공기 및 시설 복구능력이 있었다. 독일이 공격개시일 상당한 타격을 영국군에 주었지만 영국군은 신속한 복구능력으로 작전능력을 비교적 잘 유지할 수 있었다. 넷째, 비밀리에 개발한 레이더 기술의 활용으로 영국 공군의 선제적 항공작전이 가능하였다. 해안에 레이더 안테나를 미리 설치해 두었던 관계로 약 160km 밖의 독일군 폭격기를 탐지하였고, 영국군 전투기가 사전에 기동함으로써 전투에 유리한 여건이 조성되었다. 다섯째, 영국 공군 및 외인부대 조종사들의 헌신적이고도 용맹한 자세와 영국의 신형 스피트파이어 항공기의 등장 등은 영국군에게 전술적 우위를 부여한 반면 짧은 항속거리의 기존 독일 전투기들은 폭격기를 엄호하는 임무를 제대로 수행하지 못하고 귀환해야만 했다.

'독수리 날'의 공중우세 확보작전이 성공하지 못하자 독일 공군은 당황하게 되고 블리츠(Blitz)라고 불리 우는 영국 대도시 공습작전에 돌입한다. 영화에서는 독일군 조종사가 실수로 런던을 공습하면서 양국 간의 도시 공습이 가열되는 것으로 묘사된다. 하지만 독일군의 실수라기보다는 런던 등의 주요 도시를 공격을 통해 영국민들의 마음에 충격을 주어 전쟁의지를 꺾고, 기간시설을 파괴함으로써 전쟁 지속력을 약화하려는 독일의 의도적 행동으로 보는 것이 더 설득력이 있다고 판단된다. 독일은 런던공습 당시 고폭발력과 인화성의 폭탄을 투하하여 건물 파괴와 화재 발생을 유도하였고, 낙하산에 지뢰를 매달아 살포함으로써 인원의 살상 효과를 확대하고자 하였다. 이로 인해 영국 국민들의 독일에 대한 반감은 더 커졌고 복구 및 전쟁의지는 더욱 강해졌다. 영국은 국민적 항전 분위기에 편성하여 1940년 8월 25일부터 이틀간 베를린 공습을 감행하게 된다. 영국군의 베를린 공습은 영국에게 긍정적인 효과를 가져왔다. 먼저 영국군이 독일의 수도를 공격한다는 것 자체만으로도 독일 국민들에게는 커다란 충격과 실망감을 주었다. 독일 국민들은 자신들이 전쟁에서 이기고 있다는 믿음에 의심이 생기기

하늘 영화로 하늘을 보다

시작했고 제1차 세계대전 패망의 기억이 소환되었다. 반면 영국은 이를 기점으로 본토 방어 중심에서 공세적인 독일 폭격작전으로 전환하였으며, 역으로 독일 공군은 영국 본토보다 자신들의 방어에 자산을 우선 할당하다 보니 점차적으로 영국 본토 전투(Battle of Britain)에서 물러서게 되었다.

영화「303 전투비행단(303 Squadron)」은 폴란드인의 시각에서 폴란드 조종사들의 영국 본토 항공전의 모습을 조명하고 있다. 앞에서 소개한 영화「공군 대전략(Battle of Britain)」에도 폴란드 조종사의 활약장면이 포함되어 있다. 영화는 항공전투의 긴박함과 조종사들의 사랑 등을 담고 있으며, 영화「라파예트」와 비교하여 제1·2차 세계대전이라는 시기적 차이만 존재할 뿐 외인 용병 조종사들의 활약이라는 유사한 맥락으로 구성되어 있다. 독자들의 이해를 증진하는 차원에서 'Squadron'은 비행대대, 'Group'은 비행전대, 'Wing'은 비행단임을 알려드리며 향후 영화번역에 참고하기를 바란다. 2018년에는「303 전투비행단(303 Squadron)」과 동일한 내용과 주제로 영화「Hurricane : Mission of Honor」이 개봉되기도 했다. 두 영화의 내용이 거의 동일하지만 필자는「Hurricane」의 엔딩 자막 내용에 주목을 하게 된다. 그것은 영화가 화면을 통해 담아내지 않았지만 종전 뒤에 폴란드 조종사들이 겪게 된 자유민주주의를 향한 열망을 전하고 있기 때문이다. 제2차 세계대전에서 폴란드 조종사들은 영웅적인 업적을 남겼지만 폴란드로 귀국한 뒤 순탄치 않은 삶을 살았다. 대부분 폴란드 조종사들은 자유민주주의 가치를 존중하였기 때문에 영국군에 자원하여 조국 폴란드와 자유민주주의 진영을 위해 싸운 것이다. 하지만 1945년 폴란드가 소련 공산당에 의해 장악당하면서부터 그들은 사상적 탄압을 받았으며 심지어는 처형당한 조종사도 발생하였다. 공산주의 폴란드는 1990년부터 시장체제를 근간으로 하는 민주주의 국가로 변모하였으며, 지금은 나토의 가입을 희망하고 한국의 전투기 구매를 협상하는 나라가 되었다. 공산주의 이데올로기로 인한 아픈 상처가 남아 있는 한국과 폴란드는 동병상련의 고통을 미래를 위한 협력의 길로 풀어가고 있다는 생각이 든다.

영화 「댐 버스터」는 독일의 난공불락 표적을 공격하기 위한 영국 과학자와 공군 조종사들의 고민과 희생의 이야기를 담고 있다. 독일의 산업지대에 전력을 공급하고 있는 루르강의 댐들에 대해 영국군은 폭격을 가했지만 정확성이 떨어져 크게 피해를 주지 못했다. 그나마도 강의 수위가 낮아졌을 때 공격해야 댐의 구조물에 영향을 줄 수 있는 시기적 제한성이 있었다. 반면 독일군은 영국군이 어뢰로 공격할 것에도 대비하여 방어 그물망까지 수중에 설치해 두었다.

영국 과학자 윌리스는 항공기의 폭탄이 댐의 벽면에 정확히 직격하기 위해서 기존의 강하각을 이용한 공격방법을 배제하고 물수제비 원리를 이용하기로 한다. 그리하여 탄생한 폭탄이 업키프(Upkeep) 폭탄이며 폭탄은 45m 상공에서 352km/h 속도를 유지하고 360~405m 떨어진 거리에서 투하해야만 댐에 정확히 도달할 수 있었다. 하지만 시험비행과정에서 공격제원대로 투하해 보니

하늘 영화로 하늘을 보다

폭탄이 표면장력으로 인해 번번히 깨어지는 것이었다. 이를 보완하기 위해 영국 공군은 임무고도를 18m로 낮추게 되었다. 하지만 야간에 저고도로 침투하여 저고도 폭격 제원을 유지하는 것은 쉽지 않은 일이다. 야간에 고도 18m를 유지하는 방법으로 항공기 기수와 후미에 지상으로 향하는 2개의 스포트라이트를 설치하여 항공기 자세와 속도 및 투하고도가 18m에 일치할 때 빛이 하나로 모아지도록 했다. 1943년 5월 16일 밤 19대의 랭커스터 폭격기가 출격했고 업키프 폭탄을 이용하여 댐 파괴 임무는 성공했으나 8대의 폭격기와 승무원은 집으로 돌아오지 못했다.

  한국전 당시에도 「댐 버스터」와 같이 전략적 요충지 댐에 대한 유엔군의 폭격작전이 있었다. 특히, 1952년 6월 판문점에서 진행 중인 휴전협상이 지지부진하자 북한과 중국을 압박할 목적으로 수풍댐에 대한 집중적인 폭격 임무가 실시되었다. 수풍댐을 공격목표로 정했기 때문에 작전명도 'Pressure Pump'였다. 수풍댐은 1943년 완공 당시 아시아 최고 규모의 댐으로서 한반도 전체에 전력을 공급하였고 중국 동북부에도 전력지원을 하고 있었다. 유엔군의 4일간 폭격으로 수풍댐의 90%가 파괴되었고 2주간 북한에 전력공급이 완전 중단되었다. 북한은 긴급히 수풍댐을 복구하였으나 1953년 휴전이 될 때까지 예전의 능력을 회복하지 못하였다. 수풍댐 폭파작전은 전술적으로 성공하였으나 휴전협상을 이끌어 내는 전략적 효과를 거두는 데는 실패하였다.

5장

잠든 거인 깨우기

진주만(Peal Harbor)

개봉 : 2001
감독 : Michael Bay
주연 : Ben Affleck
배급 : Buena Vista
　　　 Pictures(미)

1941년 친구인 레이프와 대니는 둘리틀 중령의 대대에 배속되고 레이프는 영국군의 이글 대대에 자원하여 제2차 세계대전에 참전한다. 레이프는 사망한 것으로 알려졌으나 프랑스에서 구조되어 미국으로 돌아온다. 일본은 미 태평양 함대를 궤멸하기 위해 진주만을 공격목표로 선정한다. 1941년 12.7일 일본의 진주만 공습은 시작되고 레이프와 대니는 필사의 항전을 펼친다. 루스벨트 미 대통령은 일본과의 전면전이 불가피함을 국민들에게 설명하고 복수를 다짐한다. 도쿄 공습을 위해 둘리틀의 폭격임무 편대가 구성되며 레이프와 대니도 선발된다. 일본으로 향하던 미 항모가 일본 구축함에 노출되자 먼 거리에서 폭격기 편대는 이륙하게 된다. 도쿄 공습에 성공하지만 연료 부족으로 편대는 중국에 불시착하게 되고 일본군들이 주변에 모여들게 되는데……

미드웨이(Midway)

개봉 : 2019년
감독 : Roland Emmerich
주연 : Ed Skrein
배급 : AGC International

미군 암호 해독반은 AF라는 일본의 암호가 미드웨이를 뜻하는 것을 확인하였고 니미츠 제독은 일본의 미드웨이 공습에 대비한다. 1942년 6월 4일 일본은 미드웨이를 공격하고 육상에서 발진한 미군 공격대대는 아카기 항모를 공격하지만 실패한다. 미 잠수함 노틸러스는 일본 항모를 공격하지만 실패하고 구축함 아라시에 의해 격퇴당한다. 일본 구축함 아라시를 추적하던 맥컬스키는 일본 항모를 발견하고 동시에 일본 전투기들이 저공에 위치하고 있다는 사실을 알게 된다. 일본 항모들에 대한 급강하 공격을 시작하고 마침 무장변경을 위해 어수선한 일본 항모는 차례로 파괴되며 미드웨이 해전은 그 끝을 향하게 되는데……

2001년 개봉된 영화 「진주만」은 일본의 진주만 공격에 대한 결정과 미국 정보판단의 혼선, 그리고 진주만이 습격을 받은 뒤 참상과 일본 본토 공습을 통해 미국의 자존심을 회복하는 과정을 그리고 있다. 반면 1970년 개봉된 「도라 도라 도라」는 일본이 진주만 공습을 결정하고 준비한 뒤 공습을 수행하기까지 일본 군부의 인식 흐름 및 조치와 이에 대응하는 미국의 정치계 및 군부의 혼란스런 모습을 화면에 담아내고 있다.

두 영화가 공히 미국을 향해 아프게 지적하고 있는 지점이 있다. 그것은 미국의 정보판단에 대한 문제점이다. 미국의 정보판단이 어렵게 된 것은 먼저 양국의 상호인식에 기인한다. 미국은 일본의 능력을 과소평가하고 공격할 의지도 약하게 보았다. 반면 진주만 공격을 수행하는 일본의 총 책임자 야마모토 이소로쿠는 주미 일본 해군무관을 지냈던 사람으로 미국의 총체적 능력을 너무나 잘 알고 있었다. 완벽한 계획과 준비를 통해 부족한 점을 최대한 보완하고자 노력하였다.

다음으로 정보부서와 미군 지휘부 간 정보협조가 원활하지 않았다는 점이다. 영화 「진주만」에서 정보장교 서면 중령이 "일본은 우리의 가장 치명적인 표적을 노릴 것이며 그곳은 진주만입니다."라고 보고한다. 그러자 군의 지휘부는 하와이가 수심이 얕고 산호초가 많아 일본이 어뢰를 사용할 수 없으며, 3,500mile의 원거리를 극복하고 공습하기는 어렵다는 말로 의견을 대신한다. 군이라는 조직의 특성을 고려하면 확실한 추가정보가 없는 한 상부와 더 이상의 의사소통은 어려워진다. 그 결과 정부와 군의 최상위 의사 결정자는 상황이 가장 어려워졌을 때 최고 어려운 결정을 해야 하는 상황에 내몰리게 된다.

필자는 정보부서에서도 약 4년간 근무한 경험이 있다. 그래서 앞에서 언급된 서면 중령의 말에 더 큰 울림을 갖고 있다. 정보 분석은 적의 입장에서 적이 가장 중요하게 여기는 것이 무엇인지를 생각하는 데서 출발해야 한다. 그렇지만 한국의 경우도 전쟁이 없는 시기가 70년 이상 지속되어서 그런지 군의 정보판단이 최고 지휘부 혹은 정보부서의 가장 상위 의사 결정자의 인식과 판단에 맞추는 경향성을 자주 보인다. 정보판단과 협력에 정답이 있을 수는 없지만 서먼 중령과 같이 지휘부의 기존 인식과 다른 의견도 존중되어야 하고, 지휘부는 이를 신중히 검토해야만 한다. 군이 아니더라도 우리 사회조직에서 집단사고의 폐해를 막기 위해 '악마의 변호사(Devil's Advocate)'의 존재 필요성을 잘 알고 있다. 하지만 조직 내에서 특히, 군에서는 해당 역할을 하는 것이 사실상 매우 어렵다는 것은 우리에게 많은 생각을 하게 한다.

　진주만 공습 당시 미군의 정보판단 자체에도 문제점이 있었다. 일본으로부터 감청한 정보의 해석에 있어 '바람(wind)'이 기습을 의미한다는 것을 알아내지 못했으며, 일본 항모 전투기가 하와이 지역에 침투하는 상황을 레이다로 탐지하고도 본토에서 B-17 편대가 진입하는 것으로 단정해 버린 것이다. 또한 일본의 잠수함이 진주만에서 미군 구축함에 의해 탐지되어 공격당한 정보가 지휘부에 30분 이상 지연되어서 통보되었다. 미군의 정보판단 이외에도 중요한 문제점은 미국 지휘부의 정치적 인식과 의사소통 방식에서도 찾을 수 있다. 일본과의 전쟁은 외교적인 협상으로 예방이 가능하다는 입장을 끝까지 유지했고, 그러다 보니 군사적인 전쟁 준비가 여러모로 부족할 수밖에 없게 된 것이다. 또한 일본과 외교적 협상으로 가능하다는 입장이 평시가 아닌 일본이 전쟁을 벌이고 있는 시기였다는 점에서 미국이 일본의 의도와 능력을 과소평가했을 가능성이 높다. 한편 군이 정보판단에 근거한 조치를 취하는 데 있어 신속한 인식의 공유와 결정보다는 상부의 의중을 확인하는 데 너무 많은 시간을 소비했다는 점에서 군의 관료화 및 행정 집단화의 경계 필요성이 있는 것이다.

영화 「도라 도라 도라」는 일본에게 두 가지의 전략적 인식에 대한 질문을 던지고 있다. 먼저 진주만 공습이 일본에게 과연 도움이 되는 행동인가에 대한 질문이다. 일본은 진주만 공격이 군사전략과 국가이익의 측면에서 도움이 된다는 최종 결론을 내렸다. 진주만 공습을 통해 미 태평양함대가 괴멸되면 일본이 아시아 태평양 지역에서 타국의 영토를 탈취하고 영향력을 행사하는 데 있어 미국이 간섭할 수 없을 것이라는 판단에 근거한 것이었다. 단기적인 관점에서 일본의 진주만 공격은 미 해군에 심대한 물리적 피해를 주고 미 국민들의 사기를 저하시킴으로써 성공한 것으로 볼 수 있다. 반면 장기적인 관점에서 미국이 제2차 세계대전에 참전함으로써 일본과 미국의 전면전 양상을 띠었을 뿐만 아니라, 독일이 무너지면서 연합군의 힘이 일본 쪽으로 집중되는 국면전환이 발생하였다. 그 결과 일본은 원자탄의 끔찍한 피해를 입고 전쟁에 항복하는 상황에 이르게 된다.

혹자는 일본이 진주만을 공습하는 대신 미국과 협상에서 유리한 결론 유도, 경제적인 대미 압박, 혹은 제한된 대미 군사행동 등의 대안으로 충분히 전략적 목적을 이룰 수 있었다고 주장하기도 한다. 하지만 일본의 지휘부는 일본의 진주만 공습이 양국 국가의 전쟁 지속능력을 고려했을 때 최상의 선택이라는 판단을 내렸다. 대안을 주장하는 입장에서 DIME(Diplomatic, Information, Military, Economy)의 요소를 종합적으로 고려하는 것이 매우 합리적이고 설득력이 있을 것이다. 그러나 대안을 주장하는 측에서 간과하고 있는 것은 우선적으로 타국에 대한 군사적 침탈을 통해 국력의 크기와 범위를 신장하려는 것이 일본 상층 지휘부의 기본 입장이었다

하늘 영화로 하늘을 보다

는 점이다. 즉, 국가의 인식은 단기적 혹은 장기적 차원에서 '비용대 효과'의 판단에만 근거하여 형성되는 것이 아니라는 점을 이해할 필요가 있는 것이다.

　다음으로 진주만 공습 상황에서 일본이 미국의 항모 전력 공격을 유예한 것에 대한 질문이다. 진주만 공습 당시 미 항모들이 진주만 주변에 없었다는 사실은 미국에게는 천우신조이지만 일본에게는 불행의 출발점이 되었다. 영화 「도라 도라 도라」에서 일본 전투기 조종사들이 나구모 제독에게 즉각 재출격하여 미 함대를 격파해야 한다고 주장하지만, 나구모 제독은 일본으로 귀항을 지시한다. 일본 조종사들의 주장처럼 미 항모와 진주만의 해군함정 건조시설을 파괴하지 못하면 진주만 공습의 작전목표를 달성하지 못한 것과 마찬가지일 수 있다. 그렇다면 왜 공격을 하지 않은 걸까? 당시 미항모가 어느 곳에 위치하고 있는지에 대한 정확한 정보가 일본에게는 없었다. 설사 알고 있다 하더라도 진주만의 공습이 이루어진 뒤이기 때문에 항모가 무방비로 당할 리가 만무하였다. 반면 일본 항모단은 많은 전력의 소모가 발생하였으며, 재보급이 없는 상태에서 미국 항모단에 대한 공격은 무모한 작전이 될 수 있었다. 또한 일본 항모단의 위치가 노출되었기 때문에 미국 잠수함에 의한 공격 가능성도 높았다. 이러한 상황이 일본 지휘부의 판단을 잘못이라 보기 어려운 이유이다. 나구모 제독은 항모의 회항을 지시하면서 "우리는 전쟁이라는 긴 여정을 지금부터 떠나야 한다."라는 표현으로서 조종사들을 달랬고, 해군 총사령관 야마모토 이소로쿠는 "우리가 잠자는 거인을 깨운 것은 아닌지."라며 깊은 우려를 표명한다.

영화 「진주만」에서 루스벨트 대통령은 진주만 공습 직후 일본에 대한 강력한 보복공격을 주장하고, 둘리틀 폭격대의 도쿄 공습이 영화의 마지막을 장식한다. 둘리틀 폭격대는 16대의 B-25 폭격기 편대로 구성되었으며 항모에서 발진하여 장거리 폭격이 가능하도록 항공기 개조가 이루어졌다. 하중을 줄이기 위해 일부 무장과 장비는 제거되었고 연료는 추가 탑재되었다. 1942년 4월 18일 작전 당일 둘리틀 폭격대는 일본 구축함에 의해 항모가 일찍 노출되어 계획보다 먼 거리에서 이륙하여 도쿄를 포함한 6개의 도시에 대한 폭격을 감행하였다. 당시 둘리틀 대대의 폭격은 일본의 입장에서 외부로부터 최초로 본토가 공격당한 충격적인 사건으로 이후 일본이 본토 방공작전에 관심을 쏟는 계기가 되었다. 동시에 일본에게 미 항모단의 파괴 필요성은 더욱 절실해졌으며 항모공격작전의 교두보를 확보하는 차원에서 미드웨이 섬 공격이 필요하게 된 것이다. 둘리틀 폭격대는 공습 이후 중국 본토에 12대, 영해에 3대, 블라디보스토크에 1대가 불시착하였으며, 그 과정에서 많은 승무원들의 희생이 수반되었다. 미 국민들에게 둘리틀은 용기와 희생의 상징이 되었으며 전쟁의지를 고양하는 데 크게 도움이 되었다. 필자가 초급장교 시절 근무하던 오산 미군비행장의 정문 이름도 '둘리틀 게이트'이다.

영화 「미드웨이」는 「진주만」과 달리 전반부에서 미국 정보부서의 활약을 조명하고 미드웨이 해전 승리에 핵심적인 역할을 한 것으로 평가하고 있다. 미 암호 해독반은 일본군의 메시지에서 'AF'라는 말이 미드웨이를 뜻한다고 신임 태평양 사령관 니미츠 제독에게 보고하였으나 받아들여지지 않았다. 그러자 "미드웨이에 물이 부족하다."라는 평문 메시지를 발송하여 일본으로 하여금 'AF'가 미드웨이임을 입증하도록 유도하였다. 미국의 정보부서가 진주만의 실수를 만회하기 위해 노력을 집중하고 있는 동안 상대적으로 일본의 정보활동은 느슨해졌으며, 일본 지휘부는 진주만의 결과에 고무되어 공격일변도의 작전을 수행하고 있었다. 일본 지휘부는 미드웨이를 점령하여 교두보를 확보하고 약화된 미 태평양함대를 격멸한 뒤, 북으로는 알류샨 열도를 남으로는 호주까지 위협한다는 구상에만 집중하고 있었다. 지휘부의 생각이 여기에 미치자 미드웨이 작전이 개시되기도 전에 다른 지역으로 항모 전력을 분산 배치하였다. 더 심각한 것은 미국이 미드웨이 방어를 철저히 준비하고 있다는 사실을 전혀 몰랐으며, 미 함대 전력 보유현황과 작전 위치도 확인하지 못하였다. 전쟁에서 근거 없는 지나친 자기 확신과 상대에 대한 경계심 약화가 어떤 상황을 가져오는지를 잘 보여주고 있다.

영화는 클라이맥스에서 나구모 제독의 무장장착 변경 지시로 인해 혼란스러운 화면을 집중 조명함으로써 관객에게 나구모의 리더십이 미드웨이 해전 패배의 가장 중요한 원인이라는 느낌을 주게 된다. 나구모 제독이 항공분야의 전문가가 아닌 관계로 항공기 작전운용에 있어 균형감과 융통성이 다소 부족했던 것은 사실로 보인다. 적 함대가 나타났다는 보고를 받고 함대 공격에만 생각이 고착되었을 가능성이 있으며, 적 함대나 항공기에 의해 공격을 받을 수 있다는 생각은 부족했던 것으로 판단된다. 적 항공기에 의한 공격이 예상되거나 임박하면 현재 전투할 수 있는 태세를 유지하는 것이 급선무이다. 특정 시간을 기준으로 무장장착 중지 명령을 내려야 하고 현재 준비된 상태로 전투에 임해야 한다. 그리고 일반 폭탄이 항모공격에 전혀 효과가 없는 것도 아니었다. 일본이 미국에 비해 절대우세 전력은 제로 전투기였으며 전투기는 이미 공중에 체공하고 있는 상태였다. 무장을 장착한 항공기가 신속히 이륙만 했다면 제로기의 엄호를 받아 안전한 상태로 전환될 수 있었으며, 제로기는 출현한 미군 폭격기를 쉽게 제압할 수도 있었을 것이다. 더 나아가 일본 폭격편대가 미 항모에 대한 공세를 가했다면 미드웨이 전황이 일본 쪽으로 넘어갈 가능성도 있었다.

반면 역사의 아이러니는 미 전투기가 적어도 5분이나 10분만 늦게 일본 항모 상공에 도착했어도 나구모의 항공기 무장변경과 전반적인 항공작전에는 문제가 발생하지 않을 수 있었다는 점이다. 미군 급강하 폭격기 편대가 우연히 일본 항모를 발견하고 항모 상공에 진입했을 때 마침 최강의 일본 제로 전투기들은 저고도에 대부분 몰려 있었고, 폭격기들은 무장변경이 거의 완료되었지만 출격할 수 없는 상태였던 것이다. 미군 급강하 폭격기는 그 순간 공간의 공백을 놓치지 않았다. 조종사 맥클러스키는 폭탄 2발로 두 척의 일본 항모를 파괴할 수 있었는데 그것은 무장장착 변경과정에서 정리되지 않은 폭탄과 연료 등이 폭탄에 연쇄반응을 일으킨 것이다. 한마디로 미국은 운이 좋았다. 니미츠 제독은 인터뷰에서 "그때 하늘은 분명히 우리 편이었다."라는 말로 그 상황을 정리했다. 따라서 일본의 미드웨이 패전이 전적으로 나구모의 잘못으로 돌리기에 앞서 클라우

하늘 영화로 하늘을 보다

제비츠가 전쟁의 성격으로 묘사한 "Fog of War(전쟁은 계획대로 진행되지 않으며 우연의 연속)."를 생각해 볼 필요가 있을 것이다.

영화의 마지막 부분에는 최후까지 항전하던 항모 '히류'가 격침될 위기에 처하자 야마구치 제독이 함장인 카쿠 대좌와 함께 운명을 같이하는 장면이 나온다. 오래전부터 많은 바다 사나이들은 "선장은 배와 운명을 함께한다(The Captain goes down with ship)."라는 문구를 책임과 명예의 수칙으로 인식하는 경향이 있었다. 실제 1912년 발생한 타이타닉호 침몰 당시에도 스미스 선장은 배와 운명을 같이 했다. 그러나 이런 생각을 반드시 따라야 할 가치로 인식할 필요는 없다고 보며, 승객이나 승조원 안전의 최후 보루로서 역할에 최선을 다해야 한다는 신조로 인식하면 될 것이다. 영화에서 야마구치 제독과 카쿠 대좌는 선장이라는 입장과 함께 무사도에 입각하여 명예로운 최후를 맞이하려 했던 것으로 이해된다. 일본 역사에 있어 무사 계층은 천황이 되지 못한 왕족의 후손들이 특정 지역에서 세력을 형성하여 귀족의 지위를 인정받은 데서 출발한다. 무사들은 자신과 가문 그리고 영주 그리고 후일 더 나아가 국가의 명예를 지키고 충성하는 것을 본분으로 삼았다. 명예가 실추되거나 위협받는 경우 할복이라는 자살의 방법을 통하여 진심을 알리고 명예를 지키고자 하였다. 야마구치 제독과 카쿠 대좌의 행동은 이런 인식의 연장선에 있다고 생각해 볼 수 있다.

반면 무사도 정신은 태평양 전쟁 말기에 변질되어 연합군 함대에 비행기 자폭 테러를 위해 조직된 특공대 카미카제(신풍특공대)의 정신적 기조가 된다. 1974년 일본 영화「Father of the Kamikaze」, 2013년 일본 영화「The eternal Zero」는 카미카제의 출현과 정신적 가치 변화과정을 잘 보여준다. 카미카제는 일본군의 입장에서 태평양 전쟁에서의 패배가 예상되고 군사력의 한계가 극복되지 않자 궁여지책으로 만들어 낸 것이다. 카미카제는 자발적인 무사도가 아닌 국가가 군인에게 자살을 강요한 것으로 세계 역사상 인명 경시의 가장 중요한 사례로 평가될 수 있다. 한편 1900년 니토베 이나조가 미국에서 영어로『무사도(Bushido : The Soul of Japan)』라는 책자를 발간하자 일본을 이해하려는 많은 미국사람이 책의 내용에 관심을 가졌다. 이나조는 책에서 무사도를 서양의 기사도와 벚꽃에 비유하였다. 이것에 착안한 일본은 카미카제 요원들에게 다양한 벚꽃 상징을 제공하여 명예로운 죽음을 유도하였다. 일본은 카미카제 항공기에 벚꽃(음독 : 오오카)이라는 이름을 붙이고 탑재한 폭탄을 벚꽃탄이라 불렀으며, 출격 전 벚꽃을 조종사의 복장에 부착해 주었다.

멤피스 벨(Memphis Bell)

개봉 : 1990년
감독 : Michael Caton-
 Jones
주연 : Matthew Modnic
배급 : Warner Bros(미)

B-17 멤피스 벨 폭격기 승무원들은 25회 출격 임무를 앞두고 있었다. 멤피스 벨 승무원들은 독일 브레멘 항공기 제작공장 폭격명령을 받고 출격한다. 우여곡절 끝에 임무를 성공하고 귀환하는 과정에서 승무원들은 부상을 입게 된다. 설상가상으로 항공기 엔진에 화재가 발생하여 기장은 항공기를 급강하하여 엔진의 화재를 끄는 기지를 발휘한다. 하지만 착륙하는 단계에서는 바퀴가 내려오지 않는 상황을 맞이한다. 과거 동료들의 항공기는 바퀴가 제대로 내려오지 않은 상태에서 착륙하다가 항공기가 폭파해 전원이 사망한 경우도 있었다. 승무원들은 수동으로 착륙바퀴를 내리고…….

영화 「멤피스 벨(Memphis Belle)」과 「레드 테일스(Red Tails)」는 미국이 제2차 세계대전의 주축국으로 참여하고, 유럽 전역에 폭격기와 엄호기를 보내는 과정에서 발생한 사건들을 화면에 담고 있다. 멤피스 벨 폭격기에는 기장 모건 대위의 여자 친구(테네시주 멤피스시에 살던 마거릿 포크)가 기수 부분에 멤피스 벨이라는 글과 함께 그림으로 도색되어 있으며, 제2차 세계대전 미국의 용기와 헌신의 상징이 되었다. 레드 테일스는 미국 흑인 조종사들의 역사와 자긍심의 상징이다. 흑인 항공대(Tuskegee Airmen)는 1941년 흑인 대비스 대령에 의해 창설되었으며, 처음 그들이 비행훈련을 받은 앨라배마주 터스

레드 테일스(Red Tails)

개봉 : 2012
감독 : Anthony
        Hemingway
주연 : Nate Parker
배급 : 20th Century
        Fox(미)

1944년 연합군 폭격전력의 손실이 심각해지면서 이를 보호하기 위해 미 흑인 조종사로 구성된 332 비행전대(터스키 항공대)가 이탈리아 전역으로 투입된다. 여기에는 이지 대위와 라이트닝 중위가 있으며 이들은 심한 인종차별에 직면하게 된다. 그러던 중 이탈리아 안지오 상륙작전을 지원하게 되고 독일의 에이스 조종사인 프리티 보이와 조우하게 된다. 프리티 보이는 교전에서 터스키 항공대에 피해를 입게 되고 상대가 흑인 조종사임에 놀라게 된다. 터스키 항공대의 투지에 감동한 미 육군항공군은 터스키 항공대에게 폭격기 엄호를 맡기고 항공기 꼬리날개에 붉게 칠한 P-51으로 항공기로 전력을 재편한다. 터스키 항공대는 1대의 폭격기 손실도 없이 완벽한 임무를 실시한다. 이렇게 되자 미군 최초로 수행되는 베를린 폭격에 터스키 항공대가 엄호 비행을 담당하게 되는데……

키 지명이 그들의 명칭이자 상징이 되었다. 그들이 유럽 전역에 투입되면서 P-51 무스탕 비행기가 주어졌으며, 항공기 꼬리날개에 붉은색을 칠하여 흑인 조종사 부대의 단결심과 명예를 나타내었다.

영화 「멤피스 벨」은 인간의 고통과 희망을 이중적으로 묘사하고 있다. 제2차 세계대전 당시 B-17의 승무원은 통상 10명이었으며 출격하여 비행기와 승무원들이 온전히 귀환할 확률은 30~50%에 지나지 않았다. 인간은 자신이 살아 돌아올 확률이 50%도 안 된다고 생각을 하면 출격 전부터 발이 떨어지지 않을 것이다. 그러다 보니 승무원들에 뭔가 유인책이 있어야 하는데 그래서 생긴 것이 25회 출격이 달성되면 고국으로 귀환할 수 있도록 약속을 해준 것이다. 영화는 마지막 25회 출격이 얼마나 어려운지를 잘 보여주고 있다. 구사일생으로 임무를 마쳤더니 항공기의 엔진에 화재가 발생하고 엔진을 꺼도 화재는 멈추지 않는다. 조종사는 급강하 비행을 통해 산소를 차단하여 화재를 진압하는 기지를 발휘하는데 실제 그렇게 했다고 한다. 같은 조종사로서 감탄을 금할 수 없는 장면이다. 마지막 착륙을 위해 랜딩기어를 내리는데 정상적으로 되지 않자 동료 승무원들이 수동으로 내리는 장면도 나온다. 필자도 비행 생활 중 정상적으로 랜딩기어를 내릴 수 없는 경우가 가끔씩 있었다. 아무리 숙달되어도 비상은 어려운 것이다. 그때마다 나의 주변에 있었던 것은 나의 거친 숨소리뿐이었다. 멤피스 벨의 동료들이 함께 어려움을 극복하는 장면을 보고 부럽기도 하고 가슴이 뭉클했다.

멤피스 벨이 당시 미 국민들에게 얼마나 상징적인 존재였으며 성원을 받았는지는 1944년 개봉된 다큐멘터리 영화 「The Memphis Belle : A Story of Flying Fortress」를 통해서 더욱더 잘 알 수 있다. 이 영화는 명장 빌리 와일더 감독이 B-17 항공기를 직접 탑승하여 유럽전투장면을 촬영한 것으로 그 역사적 의미와 가치가 높다. 빌리 와일더 감독은 다큐멘터리 제작을 통해 미군의 사기진작 활동에 기여하겠다는 마음으로 미 육군항공에 지원하였다. 미 육군항공은 빌리 와일더 감독을 민간 콘트랙터(Contracter) 자격으로 폭격기 탑승을 허가하였다. 빌리 와일더 감독이 영화 제목을 멤피스 벨로 정한 것은 본인이 직접 멤피스 벨에 탑승한 것은 아니지만 전 미국인들이 멤피스 벨의 의미를 너무 잘 알고 있었기 때문이다.

폭격기 조종사들의 육체적 피로와 죽음의 공포는 상상하기 어려울 것이다. 필자는 전투기 조종사이지만 1990년대 말 한국에서 AC-130(Gunship) 도입을 고민하고 있을 때 항공기 관련 정보와 성능을 확인하기 위해 사격통제관 자격으로 미군 AC-130 항공기를 탑승하라는 합참의 지시를 받았다. AC-130 항공기는 폭탄이 아닌 105mm 대포를 공중에서 지상으로 사격하는 비행기이다. AC-130은 B-25의 후속기 모델로 1968년부터 임무를 시작하였다. 과거에 만들어진 실제 미군 폭격기가 아닌 이상 가장 유사하게 작전환경과 시스템을 확인하고 경험할 수 있는 항공기일 것이다. 필자가 육체적으로 어려움으로 느꼈던 지점은 먼저 승무원들이 영화에서처럼 조종사를 제외하고 대부분 불편한 자세 또는 서서 임무를 수행한다는 것이다. 그러다 보니 위협에 대한 회피기동을 하는 경우에 함께 서 있는 필자로서는 전투기보다 더 힘든 육체적 압박을 느꼈다. 여러분이 시내버스의 서 있는 사람이라고 가정을 해보라. 그런데 기사분이 전속력으로 90°의 회전을 하면서 가다가 서다를 반복한다면 서 있는 사람은 얼마 되지 않아 내동댕이쳐질 것이다. 필자는 총 50시간을 탑승하였는데 한 번 임무에 통상 2시간 이상 비행을 하였다. 한 번 임무마다 통상 2L의 생수를 마셨고 물을 마시지 않으면 임무에 많은 지장이 발생하였다. 산소마스크를 착용하지 않고 여압(지상과 같은 공기압력을 형성)이 되지 않는 항공기다 보니 산소

부족으로 두통이 계속 찾아오고, 심야가 될수록 인지능력이 떨어짐과 동시에 몽롱해졌다. 이를 극복하기 위해서는 계속 물을 마셔야 했다. 제2차 세계대전 당시 B-17의 작전여건은 이보다 훨씬 더 열악하였을 것이다.

멤피스 벨 승무원들이 느낀 죽음의 공포를 필자가 직접 경험할 수 없었지만 상상은 가능하였다. 필자는 사격수가 포탄을 발사할 때마다 소리는 크지 않았지만 항공기에 전달되는 진동을 고스란히 느낄 수 있었다. 만약 이 진동이 지상에서 나의 항공기를 격추시키기 위해서 쏜 포탄에 의한 진동이라면 과연 어떤 느낌이 들지 생각해 보았다. 영화 「멤피스 벨」과 「레드 테일스」에서 공히 폭격기 조종사들의 죽음에 대한 공포의 최고조를 상징하는 단어는 "Mayday! Mayday!"이다. 조종사들이 위기의 조난상황에서 도움을 청하는 말이다. 'Mayday'의 어원은 프랑스어 'M'aider'이며 의미는 '도와주세요(Help me)'이다. 'Mayday'가 국제 조난신호로 공식 채택된 것은 1923년 런던에서 개최된 국제 라디오 전문 회의(International Radio Message Convention)이후 부터이다. 이전까지는 다양한 용어들이 각 국별/기구별로 사용되었는데 의미의 혼동을 줄 수 있었고, 통신망을 통해 청취되는 경우 무슨 말인지 잘 알아듣지 못하는 경우가 발생한 것이었다. 비행 중 'Mayday!'를 선포하지 못할 정도로 급박한 상황이 찾아올 수 있다. 요즈음 전투기 조종사가 비상 탈출하는 경우 낙하산에 장착된 비상위치표시 라디오비콘(EPIRB : Emergency Position Indicating Radio Beacon)이 자동으로 작동한다. 이것은 민간 여객기에도 장착되어 있다. EPIRB는 406MHz 주파수로 세계 어느 곳에서나 그 신호 확인이 가능하며, GPS 기능을 추가하면 위성네트워크와도 연결되어 신속한 조난 조종사의 위치파악 및 구조가 가능하다.

영화 「레드 테일스」는 흑인 조종사들의 분전과 함께 군 동료들과 군 및 국가 지휘부의 흑인 조종사들에 대한 인식이 변화해가는 과정을 잘 보여준다. 이런 변화가 가능하였던 것은 전쟁이란 최악의 상태에서 서로의 생명을 지켜주는 동료로서 흑인 조종사들이 역할을 수행할 수 있었기 때문이다. 남북전쟁으로 비록 흑인들이 노예에서 해방되었지만 차별과 학대 상황은 크게 바뀌지 않았고, 20세기에 들어서자 흑인들의 불만은 커지기 시작했다. 반면 제2차 세계대전이 발발하자 미국은 국가체제를 전시체제로 전환했고 모든 것을 총동원해야 할 필요가 생겼다. 미 육군항공대의 경우 1941년부터 흑인 조종사를 양성하기 시작했으며 미군은 1943년부터 흑인 병사들도 징집대상에 포함시켰다. 또한 루스벨트 대통령은 대통령령 8802호를 통해 방산분야에 흑인 고용 차별을 둘 수 없도록 지시함으로써 흑인들이 비록 제한된 분야이지만 차별 없이 직업을 가질 수 있는 계기도 마련되었다. 종합적으로 판단해 볼 때 흑인에 대한 차별이 가장 먼저 완화될 수 있는 영역이 군이었으며 특히, 육군항공(1947년 공군으로 독립)의 문화적 특성으로 인해 수용성이 가장 좋았다고 평가할 수 있다. 많은 흑인 조종사를 포함한 전쟁 참가자들이 전후 흑인들의 인권 존중을 위한 법과 문화를 정착시키는 데 필요한 시민운동의 핵심인물들로 변모해 갔다.

영화 「레드 테일스」에는 항공기 발전역사에 있어 중요한 장면이 묘사된다. 라이트닝 중위가 'Pretty Boy'로 불리는 독일 제트기 조종사와 교전을 하게 되는 것이다. 실제로 독일은 1944년 7월 Me262를 전장에 최초 투입함으로써 제트기 시대를 개막한다. 영국도 불과 며칠 지나지 않은 시점에 Gloster Meteor를 등장시켜 제2차 세계대전 막바지 하늘에는 영국과 독일의 제트 전투기가 활약하게 된다. 미국은 Lockheed P-80 Shooting Star를 개발하여 제2차 세계대전 종전 직전에 투입하지만 특별한 성과가 없었으며 한국전쟁에서부터 본격적으로 활약하게 된다.

· 6장 ·

인간의 삼위일체

오펜하이머(Oppenheimer)

개봉 : 2023년
감독 : Christopher Norlan
주연 : Cillian Murphy
배급 : Universal
      Pictures(미)

독일이 1938년 핵분열에 성공하자 오펜하이머는 독일이 핵무기화를 시도할 것이라 확신한다. 1942년 맨해튼 계획의 책임자인 미 육군 그로브스 대령은 원자탄 개발을 위해 로스앨러모스 연구소장으로 오펜하이머를 임명한다. 1945년 독일이 항복하자 연구 지속 여부가 논란이 되지만 트리니티로 명명된 핵실험은 성공적으로 진행된다. 트루먼 대통령은 히로시마와 나가사키에 핵폭탄 투하를 명령하고 일본은 결국 항복한다. 이후 오펜하이머는 미국의 수소폭탄 개발에 부정적인 입장을 표명하고 소련의 원자탄 개발을 지원했다는 의심을 받는다. 1954년 원자력위원회장이었던 스트로스는 오펜하이머 개인 청문회를 개최하여 과거 공산주의자들과 연관성을 주장한다. 이로 인해 그의 비밀권한을 말소되고 오펜하이머의 미국 내 영향력은 소멸되는데……

영화 「오펜하이머」는 전반부에 오펜하이머가 원자폭탄을 개발하는 과정을 그리고 있으며, 후반부는 수소폭탄 개발에 반대하면서부터 발생하는 정치적 어려움을 담아내고 있다. 오펜하이머는 핵실험의 암호명을 '트리니티(Trinity)'라고 정하고 '가제트(Gadget)'라는 이름의 실험용 플루토늄 폭탄을 제작하였다. 가제트의 설계는 나가사키에 투하되는 '패트 맨(Fat Man)'과 동일하다. 핵실험 암호명을 왜 '트리니티'로 했는지에 대해 공식적인 설명은 없지만, 오펜하이머가 'John Donne'의 시구 "Batter my heart, three person'd God(내 심장을 때리소서, 삼위일체의 신이시여)."에 영향을 받아 지은 것으로 알려져 있다. 시구에서 인용한 삼위일체는 기독교에서 예수를 설명하기 위한 '성부와 성자와 성령'을 의미한다. 필자가 오펜하이머의 입장에서 삼위일체 의미를 추론해 본다면, 먼저 맨해튼 프로젝트가 가진 세계사적 중요성, 다음으로 핵실험이 가진 현실적 중요성, 마지막으로 핵실험이 가져올 미래에 대한 영향력으로 설명할 수 있겠다. 반면 신의 입장에서는 인간의 학살을 위해 삼위일체라는 단어가 인용되는 것조차도 허락하지 않을 수 있을 것이다. 결국 오펜하이머의 '트리니티'는 인간의 욕망이 만들어 내고 인류 구원과 거리가 먼 인간의 삼위일체일 뿐이다.

영화에서 상세히 묘사되지 않지만 운명의 1945년 8월 6일 핵폭탄 리틀 보이(Little Boy)를 탑재한 B-29 에놀라 게이(Enola Gay)가 포함된 타격대 3대, 예비기 1대, 기상관측대 3대 총 7대의 전력이 히로시마로 출격한다. 임무편대가 히로시마 지역으로 접근하는 과정에서 일본군 레이더 부대에 탐지되었다. 하지만 히로시마 등 대

도시에 공습경보만 내려졌을 뿐 임무편대에 대한 특별한 군사적 대응은 없었다. 왜 그랬을까? 이유를 추론해 보면 첫째, 맨해튼 프로젝트는 극비였던 관계도 있지만 전쟁 이전과 달리 약화된 일본의 정보력으로 미국 내부사정을 파악하기 어려웠다. 당연히 원자폭탄의 존재와 사용 가능성도 모를 수밖에 없었다. 폭격편대에 대해 어제 찾아왔던 깡패가 또 찾아 왔네 정도의 인식이 있었다. 둘째, 본토 방어를 위한 탐측부대와 통신부대의 자체 능력도 저하되었을 뿐만 아니라 임무 협조관계도 흐트러져 있었다. 초기에 탐지했어도 지속적인 위치파악 및 상황보고가 어려웠던 상황으로 보인다. 셋째, 1945년 원자폭탄 투하시점은 연합군의 일본 본토 공습이 지속되어 일본의 인프라가 대부분 파괴되었으며, 전투기를 포함한 군수물자가 극도로 부족하였다. 방공에 투입할 마땅한 자산이 없었다. 넷째, 일본이 세계 최강으로 자랑하는 제로기가 있어도 B-29를 요격하기 어려웠다. B-29는 1944년 최초로 실전 배치된 최신예 장거리 폭격기였고 고도 9km 이상의 고고도로 침투비행을 하고 있었다. 제로 전투기가 지상 레이더 방공부대의 도움을 받아 곧장 출격했다 하더라도 요격에는 실패했을 것이다. 항공기는 상승 고도가 높아질수록 상승률은 줄어든다. 확률은 극히 낮지만 제로기가 어찌어찌 B-29의 임무고도까지 도달하였어도 시간은 20~30분이 지났을 것이며 B-29는 임무를 수행하고 떠난 뒤였을 것이다. 그러다 보니 일본 지휘부나 국민들은 미국 폭격편대가 오고 있다는 걸 알고 있어도 이 또한 지나가리니 하고 생각할 수밖에 없었다.

영화가 후반부로 들어가면서 오펜하이머와 트루먼 대통령이 접견하는 장면이 나온다. 오펜하이머는 수소폭탄 제조에 반대하며 자신이 개발한 원자폭탄으로 인해 많은 사람들이 죽은 것에 대한 죄책감을 표현한다. 이 장면에서 반전 및 반핵의 메시지는 분명히 관객들에게 전달되었을 것이다. 반면 트루먼 대통령이 사무실을 나가는 오펜하이머 등에 대고 "앞으로 저렇게 징징대는 애들 여기 들이지 마(Don't let that crybaby back in here)."라고 표현하는 것은 관객들에게 분노를 불러일으킬 수도 있다. 더 나아가 미국의 대통령이 저렇게 정치적이고 비인간적이었기 때문에 미국이 역사적·윤리적 잘못의 주체가 되었다는 인식을 강화시킬 수 있다. 감독의 입장에서 미행정부가 소련의 핵개발을 억제하기 위해 오펜하이머의 반대에도 불구하고 수소폭탄을 개발해 나간다는 설정에 필요한 장면이지만, 관객들의 폭넓고 공정한 사고를 제한할 수도 있다는 것이다.

트루먼 대통령은 취임하면서 전임 루스벨트 대통령이 개발해 오던 핵개발 프로그램을 이어받았고, 계속되는 미국인들의 희생을 줄이고 전쟁에 종지부를 찍기 위해서는 우선 원자탄 폭탄 개발을 서둘러야 했다. 막상 핵개발이 성공 단계에 들어가자 핵이 사용되었을 때 발생할 윤리적 책임을 생각하지 않을 수 없었다. 실무차원에서 핵을 직접 일본 본토에 투하하지 않고 일본의 항복을 받아낼 수 있는 여러 방안이 검토되기 시작했다. 대표적인 것이 공개적인 곳에서 핵실험을 하여 일본이 그 위력을 확인하게 하는 것과 일본이 제시하는 조건부 항복을 미국이 수용하는 것이었다. 하지만 두 방안에는 제한사항이 너무 많았다.

공개적인 핵실험을 하는 경우 첫째, 핵실험이라는 자체만으로 일본 정부가 과연 항복할 만큼 효과적인가에 대해 미 정부와 군부가 의문을 제기했다. 일본이 핵실험을 핵사용이라는 협박전술로 인식할 가능성이 높다고 보았다. 둘째, 핵실험을 공개적으로 했는데 실패할 경우, 미국의 위신은 추락하고 전쟁은 장기화될 것이라고 예상했다. 셋째, 원자폭탄의 공개적인 핵실험을 위해서는 일본 정부 및 군부와 협의가 필요할뿐더러 미국을 포함한 동맹국 핵실험요원 및 핵장치의 안전을 과연 어떻게 담보할 수 있는지 결론을 내리기 어려웠다. 넷째, 핵무기를 개발하고 사용하는 것이 미국은 물론 일본의 불필요한 인명 손상을 방지하고 신속한 종전을 위한 것인데, 핵실험을 준비하고 실행하고 일본의 반응을 접수하는 데 많은 시간이 소모될 것은 너무도 명확해 보였다.

일본이 제시하는 조건부 항복 수용은 첫째, 미국이 연합국을 주도하는 입장이었지만 연합국과의 협의를 일방적으로 파기하기는 어려웠다. 즉, 1943년 카사블랑카 회담에서 일본의 군국주의 정권이 존속하는 한 협상에 의한 평화는 있을 수 없다는 입장을 정하였고 후속 회담에서도 이 사항이 재확인되었기 때문이다. 둘째, 미국을 중심으로 연합국들은 일본이 실제 항복할 가능성을 '0'에 가깝게 보았다. 미국은 일본이 전세가 극도로 악화되는데도 불구하고 결전의 의지가 더 강해지고 있다고 보았고, 자칫 연합국의 조건부 항복 제안을 지연전술이나 차후 휴전협상에서 유리한 결과를 가져오기 위한 술책으로 인식할 수도 있다고 판단했다. 셋째, 공개 핵실험과 마찬가지로 조건부 항복 협상을 통해 시간이 지연되면서 미

하늘 영화로 하늘을 보다

국과 일본의 희생이 증가할 것으로 보았다. 넷째, 소련은 1945년 중반이 되자 대일 선전포고를 하고 만주 지역을 공격하기 시작했다. 미국은 종전을 앞당기기 위해 소련의 참전을 유도하기는 했으나 전쟁이 신속히 종결되지 않으면 소련이 더 큰 문제가 될 수 있다고 판단했다. 미 행정부 및 군사 지휘부는 가장 현실적이고 실용적인 방안으로 원자폭탄 투하를 결정하였다.

미 행정부 및 군부가 핵사용 결정의 중요한 판단 근거가 사실상 잘못되지 않았음이 곧 판명되었다. 일본은 8월 6일 히로시마에 원폭이 투하되면서 미국의 항복권유를 받았지만 8월 9일까지 항복과 반대 입장이 팽팽히 맞서 아무런 결론을 내리지 못하였다. 그러자 미국은 8월 9일 나가사키에 패트 맨(Fat Man)을 다시 투하하였다. 그 뒤에도 반응이 없자 미 군부에서는 추가적인 원자폭탄 투하를 건의하였고, 트루먼 대통령은 인가하지 않고 기다릴 것을 요구하였다. 마침내 8월 15일 히로히토 국왕은 내부의 극렬한 반대에도 불구하고 항복 선언을 하였다.

트루먼 행정부의 핵무기 개발 및 사용은 미군의 희생을 줄이려는 데 중점이 있었다. 이후 수소폭탄 개발과 타국의 핵개발을 막아보려 했던 것은 지금도 적용되고 있는 핵억제(Nuclear Deterrence) 개념을 구현하는 것이 올바른 국가정책이라고 믿었기 때문이었다. 트루먼 대통령이 후일 맥아더 장군과 갈등을 빚은 이유 중 하나도 이런 생각의 연장선에 있었기 때문이다. 맥아더 장군은 공산주의자들을 저지하기 위해서는 동북아에서 다시 한번 핵무기를 사용할 수 있다는 생각을 가지고 있었지만, 트루먼 대통령은 일본 원폭 투하에서 발생한 참상이 재현되어서는 안 되며 핵무기는 전쟁을 억제하는 목적으로만 사용되어야 한다고 믿고 있었다.

세월이 흘러 미국의 오바마 대통령은 '핵 없는 세상(Nuclear Free World)'을 주창하면서 모든 국가들이 핵을 포기하기 위해서는 핵을 최초 사용했던 미국의 대일본 국민 사과가 필요하다는 판단을 하였다. 그러나 오바마의 생각은 많은 현실적 문제에 부딪혀 '이런 참상은 재발되어서는 안 된다'는 유감 표명 수준에 그쳤다. 그것은 미국민들의 입장에서 미국은 태평양 전쟁의 피해자이며, 옥쇄작전으로 언제 끝날지도 모를 죽음의 레이스를 펼치는 일본에 대해 미국의 윤리적 자세를 요구하는 것이 적절한지 문제를 제기하였기 때문이다. 동시에 사과를 하는 경우 핵사용에 대한 사회·경제적 책임 문제가 미국에 제기될 상황을 우려하였다. 어찌 되었든 영화의 시각처럼 핵무기의 참상을 공유하고 핵무기 사용 결정 과정에서 잘못된 것은 없었는지를 파악하여 교훈으로 삼는 것은 인류의 미래를 위해 바람직하다고 생각된다. 또한 지금까지 전쟁에서 핵무기가 사용되지 않는 것은 그 교훈적 효과를 보고 있는 것일 수도 있다.

하늘 영화로 하늘을 보다

6.25 전쟁

1946년 3월 5일 윈스턴 처칠 영국 수상은 미 웨스트미니스터 대학 연설을 통해 동유럽에서 소련의 영향력 확대로 유럽이 동서로 분리되고 있음을 지적하고, '철의 장막(The Iron Curtain)'이 쳐졌다고 비유하였다. 처칠의 '철의 장막'이란 표현은 '냉전의 시대'가 개막되고 있음을 의미하는 것이기도 했다. 이러한 소련의 영향력이 해방된 한국에도 미치기 시작하여 북한의 공산화를 지원하였으며 미국의 지원을 받는 남한과 대립하게 된다. 소련의 지원을 받는 김일성은 한반도를 공산화 통일하기 위해 1950년 6월 25일 남침을 개시하고 3년간의 전쟁으로 이어지게 된다. 이러한 역사적 사실에도 불구하고 냉전적 구도에서 전쟁은 일어날 수밖에 없었다는 주장의 수정주의적 사고가 21세기 한국 사회에 여전히 통용된다는 것은 우려스러운 일이다.

한국전의 특성은 글로벌한 관점과 한국인의 관점에서 다소 차이가 있을 수 있다. 다만 영화라는 매체를 통해 이러한 인식을 확인하는 것이므로 전 세계인들이 공감하는 부분을 우선적으로 조명하고, 우리의 이해를 논리적으로 추가하면 문제가 없을 것으로 생각한다. 한국전은 '대리전(Proxy War)', '교착(Stalemate)', '잊혀진 전쟁(Forgotten War)' 등으로 표현된다. 먼저 '대리전'은 제3국들이 보았을 때 공산주의 사상을 가진 북한과 자유민주주의 사상을 가진 한국이 소련과 미국을 대리하여 싸우는 것으로 비춰진 것이다. 그러나 한국의 입장에서는 국민들의 생명 및 재산과 영토를 보호하기 위해 북한의 침공에 결연히 맞섰으며, 미국을 포함한 자유우방국들에게 도움을 요청한 것이다. 자칫 대리전의 모습을 잘못 이해하면 마치 우리가 미국을 대신하여 싸운 것이 되며, 북한의 전쟁책임은 사라지고 전쟁은 당위적으로 발생한 것이 된다. 다음은 '교착전' 혹은 '교착상태'로 3년 동안 38선 주변을 경계로 남북의 대치가 이어진 것을 의미한다. 여기에는 중공군의 한반도 개입이 큰 영향을 미쳤으며 휴전협정 발효 전까지 조금의 땅이라도 더 확보하려는 치열한 '고지전'의 형태로 나타났다. 마지막으로 '잊혀진 전쟁'이다. 제2차 세계대전 종전 후 얼마 지나지 않아 발생한 전쟁으로 막상 전력을 파견한 미국에서 조차 관심과 이해가 부족하였음을 의미하는 말이다. 그러나 '잊혀진 전쟁'은 당시에 그랬을 수도 있으나 오히려 전쟁이 멈추고 시간이 지나면서 한국의 발전과 한미의 협력이 강화됨에 따라 미국에게 '가장 의미 있고 가치 있는 전쟁'으로 인식의 전환이 이루어졌다.

하늘 영화로 하늘을 보다

7장

붉은 깃발의 습격

헌터스(The Hunters)

개봉 : 1958년
감독 : Dick Powell
주연 : Robert Mitchum
배급 : 20th Century
       Fox(미)

제2차 세계대전의 에이스 세빌 소령은 한국전에 F-86 조종사로 참전한다. 세빌은 펠과 애보트 중위를 지휘하고 이들과 함께 출격한다. 애보트는 캐시 존스라는 적 에이스와 교전하다 격추당한다. 세빌은 캐시 존스를 격추시키고 애보트를 구조하기 위해 비상착륙을 한다. 나무에 낙하산이 걸린 애보트를 구조하지만 북한 순찰조에 발각된다. 펠은 둘을 구하기 위해 공중에서 기총소사를 하지만 자신도 격추된다. 이들 3명은 함께 순찰조를 피해 한국 농가에 숨어들고 위기를 모면한다. 그러나 이들이 두고간 항공재킷 때문에 농부는 북한군에게 처형되고 만다. 남쪽으로 이동하면서 세빌은 북한군이 쏜 총에 어깨에 부상을 입지만…….

1958년 개봉된 「헌터스」는 제임스 설터(James Salter)의 동명소설을 영화한 작품이다. 미 공군은 한국전이 발발하자 미국의 최초 제트 전투기인 'F-80 Shooting Star'를 한국에 전개시켰으며, 한반도 주변에 전개한 미 항모는 제트기 'F9F Panthers'를 운영하였다. 반면 북한과 중공은 최신예기 MIG-15를 전장에 투입하여 미군을 위협하였다. 이때 혜성과 같이 북한 상공에 미 공군 F-86 Sabre가 1950년 12월 초 등장하였다. 미 공군 F-86과 미그기의 최초 교전은 1950년 12.17일 이루어졌으며 세부적인 전투결과는 출처에 따라 매우 다양하다. 다만 F-86 항공기 4대가 다수의 MIG기와 조우하였으며 MIG기가 큰 피해를 입은 것으로 알려져 있다. 이후로 미그기와 F-86과 전투는 'MIG Alley(미그기 길목)' 전투라고 불려졌는데, 압록강을 연하여 중공군의 비행장과 군사시설들이 인접해 있었고 이곳에서 출격한 미그기와 주로 교전하였기 때문이다. 당시 'MIG Alley'라는 말은 압록강 주변 공역이라는 의미뿐만 아니라 미 공군 전투 조종사들의 MIG기를 상대로 한 공중전투에서 용맹과 승리를 상징하는 것이었다. 현재는 '북방완충지대(Northern Buffer Zone)' 라는 개념으로도 쓰이고 있는데, 유사시 한미 연합군과 중국군의 불필요한 충돌을 피하기 위해 임의로 설정되어 있는 중립 구역을 의미한다. F-86 항공기가 출현함으로 인해 공중전의 양상은 급격히 변화되었다. F-86 속도와 기동성능이 미그기에 비해 월등하여 공중전투에서 절대적 우세를 확보함에 따라 북한이나 중공 전투기들은 가급적 숙련 조종사들이 '치고 빠지는 전술(Hit and Run)'을 구사하였다.

영화 「헌터스」에 등장하는 북한군 에이스의 이름은 '캐시 존스'인데 얼굴은 북한 혹은 중국 사람처럼 보인다. 미국 관객들의 편이를 위해 친숙한 이름을 붙인 것으로 이해할 수도 있지만 당시 MIG기 조종사들이 누구였느냐는 관점에서 보면 달리 이해될 수도 있다. 소련은 6.25 전쟁 참전에 대해 공식적으로 부인했지만 해제된 비밀 문서에 의하면 항공기와 조종사까지 지원하였다. 소련 조종사의 경우 북한군 조종사들의 훈련과 자문에 주력하였지만 직접 공중전투에도 참여한 것으로 알려져 있다. 중공군 조종사들은 1950년 10월 25일 참전 이후 북한군 지원을 위한 임무를 지속적으로 실시하였다. 따라서 미 공군 F-86과 교전을 벌인 미그기 조종사가 국적불명의 조종사로 표현되는 것이 어쩌면 당연할 수도 있다.

　「헌터스」에서 미그기와의 공중전을 통해 격추된 동료 편대원을 구하기 위해 주인공이 비상착륙(Crash Landing)을 감행한다. 이런 의도된 비상착륙은 다음에 소개될 영화 「디보션」에도 비슷한 장면이 나오는데 현대적 비행운영 관점에서는 저게 과연 가능할까 하는 의문을 갖게 된다. 또한 현대적 관점에서 비상 탈출이 가능한 상태에서 죽음을 감수하는 의도적 비상착륙은 무모해 보이기도 한다. 반면 영화의 설정상 동료의 격추지점에 가까이 가려면 그 방법밖에는 없어 보이기는 한다. 그런데 이것을 감독이나 작가의 상상력이라고 단정하기에는 좀 섣부른 부분이 있다. 그 이유는 이러한 의도된 비상착륙이 한국전 영화에서 계속 등장하며, 설터의 소설이 아니더라도 Warren E. Thompson이 쓴 『MiG Alley : Sabres vs. MiGs Over Korea』 등의 책자에서 F-86과 미그기의 교전상황과 함께 동료들을 구출하기 위한 조종사들의 영웅적 비상착륙이 소개되고 있기 때문이다. 이런 조종사들의 행동은 아무리 전쟁 중이라 하더라도 군법회의에 회부될 소지가 있기 때문에 외부에 공식적으로 알려질 가능성은 적어 보인다. 결론적으로 진위 여부를 떠나 당시 한국전에 참전한 미군 조종사들의 전우애와 희생을 존중하는 의미에서 영화에서 보여주는 그대로 바라봐 주면 좋겠다는 생각이 든다.

하늘 영화로 하늘을 보다

· 8장 ·

인간의 파도

디보션(Devotion)

개봉 : 2022년
감독 : J. D. Dillard
주연 : Gllen Powell
배급 : Sony Pictures(미)

1950년 미 해사를 졸업한 허드너 중위는 32 비행대대에 배속되어 흑인 조종사 브라운을 만난다. 두 사람은 항모 Leyte로 파견되어 훈련을 받은 뒤 한국전에 참전한다. 대대는 중공군의 북한 진출을 막기 위해 신의주 대교 폭격임무에 출격한다. 편대원들이 폭격임무를 수행하는 동안 허드너와 브라운은 미그기와 조우하게 된다. 둘은 성공적으로 미그기를 격추하고 편대장 역할을 수행하던 허드너는 전 편대원 퇴각을 명령한다. 하지만 브라운은 명령을 따르지 않고 혼자서 신의주 대교를 폭파한다. 그 후 이들은 미군이 중공군의 인해전술로 큰 어려움을 겪고 있던 장진호 전투 지원임무에 출격하게 되는데……

영화 「디보션」은 톰 허드너의 전기를 영화화하였으며 6.25 전쟁 소재 영화가 최근에 제작되었다는 것은 다소 이례적이다. 먼저 영화는 조종사들이 함상탑재 항공기 조종사로 성장하는 과정을 잘 묘사하고 있다. 그중 함재기 착륙을 위한 조종사와 착륙지원장교(Landing Support Officer)의 깃발에 의한 커뮤니케이션 장면이 상당히 인상적이다. 육상 혹은 항모에 착륙하는 데 있어 조종사들의 가장 기본적이고 우선적인 방법은 육안 고도판단에 의한 착륙이다. 다만 육상기지 조종사들의 경우 1950년대 중반부터 활주로 주변에 설치된 '시계 진입각 지시등(VASI : Visual Approach Slope Indicator)', '정밀 진입각 지시등(PAPI : Precision Approach Slope Indicator)', 2000년대 들어서는 라디오 항법을 이용한 계기착륙장치(ILS : Instrument Landing System) 등을 주로 참고한다. 반면 항모 조종사는 주변 지형을 참조할 수 없는 바다라는 환경 속에서 움직이는 항모의 좁은 데크 지역에 착륙해야 하는 부담이 있다. 영화의 배경이 되는 50년대 항모는 데크 폭이 매우 협소하여 육안 착륙지원 설치는 아예 고려하지도 않았으며, 단지 조종석의 광학착륙장치(Optical Landing System)의 육안 참조점을 이용하여 착륙하였다. 요즘 함재기 조종사는 조종석의 프레넬(Fresnel) 렌즈를 이용하여 정밀착륙장치 정보를 활용하며 관제사의 착륙 조언을 받기도 한다.

함재기는 항모의 데크 길이가 제한된 관계로 항모의 케이블에 어레스팅 후크(Arresting Hook)를 걸어서 착륙한다. 항모의 케이블은 통상 3~4개가 설치되어 있으며 함재기 조종사는 항공기 외장과 상황에 맞게 착륙 케이블 위치를 선정한다. 항공기 중량이 무거운 상태에서는 항공기 접근 속도가 높아져 케이블에 걸리는 하중이 크며 케이블이 끊길 가능성도 있다. 따라서 착륙 시 함재기 조종사는 후크가 제대로 걸리지 않거나 케이블이 끊길 것에 대비하여 착륙 후 약 3초간은 추력을 통상 100% 유지한 상태로 기다린다. 착륙 장교의 정상 후크가 걸렸다는 신호가 있으면 그때 추력을 최소로 줄인다. 필자는 어레스팅 후크가 장착된 육상 비행기로 비행생활을 했었다. 육상 비행장에는 케이블이 활주로 양 끝단에 각 1개씩 설치되어 있으며 이륙 지역의 케이블은 통상 내려둔다. 어레스팅 후크는 유압계통의 고장으로 착륙기어가 정상적으로 내려오지 않는 경우, 브레이크 부작동, 지상 활주 불가 등의 힘든 비상상황에서도 조종사가 큰 불안감 없이 착륙할 수 있도록 도와주는 든든한 우군이다.

영화에는 주인공이 항모에 배치된 후 전투출동에 앞서 부대장 지시에 따른 긴급발진(Scramble) 훈련장면이 나온다. 여기에서 필자의 비상대기실 추억이 떠올랐다. 필자의 대위 및 소령 시절 일주일에 2~3일은 비상대기실 근무였다고 해도 과언이 아니었다. 일상이 반복되면 인간은 나태해지기 마련이고 절차를 지킨다고 해도 실수가 발생하기 쉽다. 여름 어느 날 야간 8분 비상대기 임무편대장(#1)으로서 비상대기 항공기의 긴급발진 준비 및 비행 헬멧 정리를 철저히 한 후 비상대기실로 들어갔다. 대기실에 간 지 얼마 되지 않아 같은 비상대기 편조원이 후배에서 2년 선배로 변경되었다. 선배를 임무편대장으로 필자는 요기(#2)로 역할 변경을 하여 다시 임무 브리핑을 하였다. 그런데 선배와 필자는 정비사들이 당연히 헬멧을 교체할 것으로 생각하고 헬멧 점검을 다시 하지 않는 실수를 저질

렀다. 밤 11시경 비상출동명령이 떨어졌고 둘은 신속히 항공기에 올랐다. 필자는 항공기에 오른 순간 뭔가 잘못되어도 단단히 잘못되었다는 것을 느꼈다. 헬멧이 머리에 들어가지 않는 것이었다. 선배의 별명은 '새대가리', 필자의 별명은 「모여라 꿈동산」(1982년부터 6년간 방영된 어린이 프로그램으로 머리가 큰 인형들이 출연)이었다. 어쨌든 죽기 살기로 머리를 헬멧에 밀어 넣고 어떻게 이륙했는지도 모르게 연평도 상공까지 날아갔다. 그때부터 머리의 고통은 상상을 초월하는 것이었다. 손오공의 머리띠(緊箍兒) 고통이 이런 종류가 아니겠냐는 생각이 들었고 나중에는 눈이 충혈되다 못해 눈물이 났다. 도저히 안 되겠다 싶어 외부 송출 마이크를 누르고 임무편대장에게 말하려는 순간 "상황해제! RTB(Return to Base)." 반가운 관제사의 목소리가 들렸다. 그날 하염없이 눈물을 흘리면서 기지로 귀환했다.

주인공은 영화 중반부에 북한 장진호 주변 하가루(원래 장진호를 의미)리(里)에 위치한 미 해병 및 육군 전력을 지원하는 임무를 수행한다. 장진호 전투는 미군과 중공군간의 본격적인 전투로 중공군의 인해전술이 무엇인가를 알게 된 뼈아픈 경험이기도 하다. 미군은 약 3만 명, 중공군 12~15만 명으로 미군은 절대적인 수적 열세와 추위를 견디지 못하여 철수하게 되며 이후 유엔군은 38선 이남으로 물러나게 되었다. 반면 미군은 많은 희생이 있었음에도 불구하고 가장 해병 정신을 잘 발휘하여 성공적인 철수작전을 수행한 것으로 평가하고 있다. 필자는 소령을 달자마자 공군 최초 합참의장이던 이양호 장군의 부속실에서 근무하였다. 당시 의장님은 6.25 전쟁 당시 유엔군에 이양하였던 평시 작전통제권 환수에 합의 서명을 위해 미국을 방문하였다. 역사적 합의 서명을 기념하기 위해 한미의 상징적인 전력방문이 계획되어 있었는데 그것이 미사일 순양함 '초신(Chosin)'이었다. '초신'은 '장진'의 일본어 표기로 6.25 전쟁 당시 사용하던 한반도 작전지도에 일본식 표기명인 '초신'으로 등재되어 있었다. 의장님은 태평양 사령관에게 순양함의 명칭을 '초신'에서 '장진'으로 변경해 줄 것을 요청하였는데, 사령관이 난색을 표하면서 "수많은 참전용사와 그 이후 순양함에 승선한 장병들에게 '초신'은 용기와 명예의 기억이므로 한국이 잘 이해를 해주시면 감사하겠다."라고 대답하였다. 후일 필자가 다시 미국 공군무관이 되어 장진호 참전용사들을 만나 이런 질문을 한 적이 있었다. "장진호 전투하면 무엇이 생각나십니까? 한국 하면 무엇이 생각나십니까?" 두 질문에 답은 동일하였다. "너무 추웠다(Severly Cold).", "너무 추웠다." 우리는 미국과 참전용사들에게 '초신'을 수정해서 '장진'으로 기억해 주기를 바랐다. 하지만 우리는 그들이 생각하지도 않는 기억을 만들어 내려고 하는 것은 아닌지 반문해 볼 필요가 있다.

· 9장 ·

나의 조국, 나의 산하

전송가(Battle Hymn)

개봉 : 1957년
감독 : Douglas Sirk
주연 : Rock Hudson
배급 : Universal
　　　 Pictures(미)

오하이오 주에서 목사로 일하던 딘 헤스는 한국전이 발발하자 현역으로 참전한다. F-51D 교관 조종사로서 한국 공군 조종사를 양성하게 되며 피난민과 고아들이 기지로 몰려들자 버려진 사찰을 이용하여 고아 400명을 수용한다. 스키드모어 대위는 훈련 중 북한군 수송 차량을 임의로 공격했다가 헤스에게 혼이 난다. 스키드모어는 헤스의 태도를 이해하지 못하다가 그가 목사였던 사실을 알게 된다. 기지에 북한군이 접근하여 전투가 벌어지고 스키드모어는 헤스의 품에서 사망한다. 헤스는 서울로 복귀명령을 받아 돌아오지만 곧 서울이 북한군의 수중에 넘어갈 것으로 예상한다. 헤스는 방치된 400명의 고아들을 제주도로 이송할 방법을 찾고 있는데 때마침 미 공군이 수송기지원을 허락하여 이들을 제주도로 이송하게 된다. 휴전 후 딘 헤스와 부인은 제주도의 고아원을 찾게 된다.

빨간 마후라

개봉 : 1964년
감독 : 신상옥
주연 : 신영균
제작 : 신필름(한)

6.25 전쟁이 한창이던 1952년 공군 강릉비행장에 배대봉 중위 등 신입 조종사들이 전입한다. 교관 나관중 소령은 산돼지라는 별명을 가진 활동적인 성격으로 신입 조종사들을 진정한 전투 조종사로 훈련시킨다. 배 중위는 나 소령의 동료였던 나도순의 미망인 지선을 소개받고 사랑을 느낀다. 배 중위는 지선과 결혼하게 되고 결혼한 지 얼마 되지 않아 미군들이 번번이 작전에 실패한 승호리 철교 폭격임무에 투입된다. 배 중위는 나도순처럼 격추되어 죽을 위기에 놓이지만 공군수송기에 의해 구출된다. 반면 나 소령은 피탄되어 정신을 잃어 가는데…….

영화 「전송가」는 미 공군 헤스 대령의 전기를 영화한 작품이다. 헤스 대령은 한국 공군과 한국전쟁 고아들에게 매우 중요한 인물이다. 헤스 대령은 제2차 세계대전에 전투 조종사로 참전을 하였다가 전역을 하였지만, 1948년 현역으로 소환되어 일본에서 한국전 발발 당시까지 근무하고 있었다. 미 공군은 6.25 전쟁이 일어나자 한국 공군의 전력증강을 위한 'Bout One' 비밀 프로그램을 수립하고 총책임자로 헤스 대령을 임명하였다. 헤스 대령과 한국 공군을 위한 10대의 P-51 무스탕기는 7월 2일 일본에서 출발하여 대구에 도착하였으며 그다음 날부터 임무에 돌입하게 된다. 헤스 대령은 한국 공군 조종사 양성에 주력하였으며 자신도 약 1년간 총 250 회의 출격을 하였다. 전직 목사였던 헤스 대령은 자신의 좌우명(Per Fidem Volo : I fly by faith)을 전용 18번 항공기에 새겨줄 것을 공군 최원문 일등상사에게 부탁하였다. 최상사는 기수 부분에 '신념의 조인(信念의 鳥人)'이라는 의역 문구를 새겨 넣었다. '신념의 조인'이라는 문구는 이후 한국 공군의 뇌리에 각인되었고 한국 공군 조종사를 상징하는 말로도 널리 알려졌다. 헤스 대령이 한국을 떠난 직후 10대의 무스탕기가 추가로 도입되었고, 1951년 10월부터 한국 공군은 12대의 무스탕기로 강릉비행장에서 독립적인 전투작전을 수행하는 동시에 8대의 항공기로 사천 비행장에서 조종사를 양성하게 된다.

헤스 대령은 힘든 전쟁임무 중에도 고아들에게 깊은 관심을 갖고 구호활동을 펼치게 된다. 그러나 1.4 후퇴로 인해 고아들의 안전과 거처를 고민하던 중에 미 공군 목사이던 블레이즈델 대령과 함께 미 공군 지휘부에 고아들의 후방 후송을 요구한다. 미 공군은 어렵게 15대의 C-54 수송기를 지원을 인가하였고 고아 1,000명은 안전하게 제주도로 이송된다. 헤스 대령은 전쟁이 끝나고도 제주의 고아원을 자주 방문하였으며 제주도는 그의 공적을 기리기 위해 2017년 3월 서귀포시 항공우주박물관 마당에 공적기념비를 조성하였다.

필자가 공군무관이던 2010년 6월 24일 오하이오주 패터슨 공군기지 미 국립 공군박물관에서 한국전쟁관 개관 및 6.25 전쟁 60주년 기념행사가 열렸다. 한국 공군에서는 교육 사령관이 대표로 참

하늘 영화로 하늘을 보다

가하였으며 헤스 대령은 한국 공군의 특별 요청에 의해 참석하시게 되었다. 필자는 헤스 대령을 데이톤 외곽의 자택에서 직접 차량으로 행사장에 모셔왔으며 교육 사령관과 대담도 통역을 하였다. 헤스 대령의 건강은 큰 문제가 없어 보였으나 목소리가 너무 작으셨고 말을 잘 알아듣지 못하셨다. 그래도 힘주어 "6.25 전쟁 당시 한국 공군 조종사들은 무모할 정도로 용감했다. 꼭 한국이 통일되는 걸 보고 싶다."라고 말씀하셨다. 행사가 끝나고 집에다 모셔다 드릴 때 현관으로 들어가시기 전 말없이 필자의 손을 한동안 잡고 있었다. 그날 헤스 대령의 사랑스러운 눈빛과 손의 떨림을 지금도 잊을 수 없다.

영화 「빨간 마후라」는 한국 공군의 적극적인 지원하에 1964년 제작된 영화로 항공기 전투 및 조종사 생환 장면들이 외국 영화와 비교해 손색이 없는 수작으로 평가되고 있다. 영화에 F-51 무스탕이 아닌 실제 공군이 운영 중이던 F-86이 등장한 것에 대해 사실적이지 않다는 일부 평가가 있지만, 외국 영화에 비해 손색없는 훌륭한 전투장면을 담아내고 한국 공군의 위용을 선전할 수 있었다는 점은 긍정적인 측면으로 평가된다. 「빨간 마후라」는 대만과 동남아시아에서도 인기가 높았으며 영화의 주제가는 한국 공군뿐만 아니라 대만의 군가로 사용되기도 하였다.

영화의 클라이맥스에서 출격편대는 교량폭파 작전을 성공적으로 수행하지만 편대장 나관중 소령이 전사하는 안타까운 장면을 보여준다. 이 장면은 6.25 전쟁 3대 항공작전 중 하나로 손꼽히는 승호리 철교폭파 작전을 모티브로 하고 있다. 승호리 철교는 평양 동쪽 12km 지점의 대동강 지류에 설치된 것으로 전쟁 기간 중 북한군이 중동부 전선으로 전쟁 군수 물자를 수송하는 데 있어 가장 중요한 시설물이었다. 미 5공군은 승호리 철교를 차단하기 위해 500회(쏘티) 이상의 출격을 하였으나 소기의 성과를 거두지 못하였고, 결국 한국 공군에게 임무를 인계하였다. 임무를 인계받은 한국 공군 1전투 비행단은 임무의 성공을 위해 철저한 분석에 들어갔다. 그 결과 한국 공군 항공기가 탑재한 소수의 로켓과 재래식 폭탄으로 미 공군이 적용하던 2,440m에서 30° 강하각의 공격전술을 적용하면 표적을 확실히 파괴할 수 없다고 판단하였다. 따라서 한국 공군은 적 대공포와 자신이 투하한 폭탄에 의한 피탄 가능성이 높지만 1,220m에서 20° 강하각으로 200~300m까지 강하여 공격하는 작전계획을 수립한다. 1952년 1월 15일 첫 번째 편대출격에서는 아쉽게 그 목적을 달성하지 못하였지만, 두 번째 출격에서 교각 2곳을 완전히 파괴함으로써 북한군은 몇 개월 동안 전선의 작전운영에 심대한 타격을 받게 된다. 앞에서도 기술한 바 있지만 실제 승호리 작전에는 F-86 세이버 제트 전투기가 아닌 F-51 무스탕 프로펠러기가 투입되었다. 항공기의 제한된 성능에도 불구하고 미 공군이 해내지 못한 난공불락의 목표물을 16회(쏘티) 출격으로 파괴한 한국 공군 조종사들의 투지와 희생정신에 찬사를 보낼 만하다.

영화 제작 당시 주인공을 둘러싼 사랑 이야기가 다소 파격적이고 조종사의 위상에 부정적인 영향을 줄 수 있다는 의견이 있어 다소 논란이 있었다. 하지만 6.25 전쟁 직후 사회적인 관점에서 전쟁미망인과 고아에 대한 이해와 대응은 모두가 깊이 고민해야 할 사안이기도 했다. 1953년 휴전과 함께 한국 사회는 계층의 이동, 개인주의적 성향의 강화, 전통적 윤리의 해체 등이 자유민주의 확산과 함께 이루어졌다. 하지만 전후 사회질서를 복구하는 과정에서 정부는 언론 및 학계와 함께 과거 가부장적 위계체제를 복구함으로써 사회적 안정을 도모하려고 하였다. 이런 시각에서 집중적으로 조명되었던 것이 전쟁미망인이었으며 비판적 담론의 중심에 서게 되었다. 먼저 전쟁미망인들은 남편들이 사망하자 가계를 책임지게 되었고, 기존 여성들에게 요구되었던 정절과 부덕(婦德 : 부녀자의 아름다운 덕행)의 가치관에서 벗어날 수 있게 되었다. 또한 여성들이 자녀들의 교육을 전적으로 담당하게 됨에 따라 그들이 과연 그런 역할을 수행할 수 있을까하는 사회적 우려도 커지게 되었다. 물론 지금의 시선으로 바라보면 말이 되지 않지만 당시에 전쟁미망인에 대한 시선은 역할의 필요성을 인정하지만 가치는 긍정하지 않으려는 이중적 잣대의 전형이었다고 볼 수 있다. 특히, 「빨간 마후라」를 제작한 신상옥 감독은 이러한 사회의 이중적 가치관에 대해 영상을 통한 메시지를 전달하려 했던 것으로 보인다. 감독은 이미 1959년 영화 「동심초」를 통해서 전쟁미망인의 사회적 담론의 형성을 시도했었다. 다만 「동심초」에서는 전쟁미망인 이 여사를 8년간 죽은 남편에 대한 정조를 지키며 딸이 장성할 때까지 모든 어려움을 견뎌내고 갈등하는 미망인으로 설정하고 있다. 이 여사는 어려운 시기에 자신을 도와준 김상규라는 인물에 대해 호감을 갖고 있지만 관계를 발전시키는 것은 죄를 짓는 것이라는 두려움을 갖고 있다. 이 여사는 장성한 딸이 재혼을 권하자 자신이 받아왔던 사회적 시선에 대한 괴로움을 토로하지만 이를 결국 떨쳐내지는 못한다. 이를 통해 관객들은 당 시대의 사회적 시선의 부당함에 대해 공감하는 시간을 가질 수 있었을 것으로 보인다. 감독은 1964년 「빨간 마후라」를 통해서 「동심초」보다 한발 더 나아가 전쟁미망인에 대한 사회의 책임을 강조한다. 나관중 소령이 후배 배대봉 중위에게 선배의 미망인을 우리가 책임져야 한다고 강조한다. 이것은 미망인에 대한 포괄적인 지원을 의미하겠지만 실제 배 중위가 선배의 미망인과 결혼을 하는 지점에 이르러서는 감독의 메시지는 좀 더 강해졌다고 볼 수 있다.

필자는 과거 공군에서 매년 1~2건의 비행사고로 수많은 미망인들이 발생하는 것을 보았고 가슴 아파했다. 대부분 미망인들은 동료를 잃은 우리의 아픔이 가실 때쯤이면 우리 곁을 떠나갔고 그들에 대한 우리의 관심도 점차 줄어들었다. 일부 미망인들은 우리와 함께 살았던 과거를 잊고 싶어 했고 잊혀지기를 원하기도 했다. 변명 같지만 여러 이유로 우리가 미망인들과 슬픔을 나누고 그들을 배려하는 데 적극적이지 못한 시기도 있었다. 다행히도 현재 공군은 미망인뿐만 아니라 유가족에 대해 체계적인 대응을 하고 있다. 미망인들이 공군조직 내에서 가족으로서 일을 할 수 있는 기회가 제공되었고, 자녀들의 교육을 위한 장학재단도 비교적 잘 운영되고 있다. 하지만 이러한 노력이 모든 미망인과 유가족들에게 충분히 제공될 수 없는 것이 현실이다. 공군뿐만 아니라 사회의 모든 이들의 따뜻한 시선과 배려가 충만할 때 그들이 살아갈 수 있는 공간은 좀 더 나아질 것이라는 생각을 해본다.

베트남전

베트남전의 평가를 어떻게 해야 할까? 다양한 평가가 가능하며 일률적인 평가는 어려워 보인다. 다만 전쟁의 당사자였으며 한국의 동맹인 미국의 내부적인 평가들을 종합해 보면, 먼저 전쟁 초기, 미국이 동남아시아에서 공산주의 확산을 저지하는 대전략의 일부로서 베트남의 민족전쟁에 개입하는 것이 필요하다는 긍정적 판단을 하였다. 그러나 베트남전이 진행되면서 너무 많은 군인과 민간인의 희생이 발생하였다. 동시에 베트남의 자연은 심각히 훼손되고 귀국한 많은 군인들의 정신이 피폐해지면서 전쟁에 대한 근본적인 질문이 쌓이기 시작했다. 마지막으로 전쟁이 장기화되면서 국내적으로 사회적 갈등과 동요가 발생했으며 경제에 부정적 파급효과가 증가되었다. 또한 국제사회에서 조차 미국이 존중받지 못하게 되자 정부와 군에 대한 국민들의 신뢰가 급속도로 추락했다. 머나먼 정글의 전쟁은 잘못 시작되었으며 빨리 끝을 내야 한다는 결론이 내려진 것이다.

베트남전의 성격을 시간적 흐름에 따라 정의해 보면 '대리전(Proxy War),' '게릴라전(Guerrilla Warfare)', '수렁(Quagmire)', '반전운동(Anti-War Movement)' 등을 들 수 있겠다. '대리전'의 의미는 자유 진영인 남부 베트남과 공산주의 북부 베트남 및 베트콩의 민족전쟁에 미국이 참전함으로써 자유민주주의와 공산주의 국가들의 대리전

성격을 띠었기 때문이다. 미국의 참전은 미소의 냉전이 격화되는 시기에 이루어졌으며, 미국은 한국전을 통해 공산주의 확산을 저지한 경험이 있어 베트남에서도 동일한 효과를 기대하였다. 다음으로 미국은 베트콩이라 불리는 '게릴라들과 힘겨운 전투'를 벌여야 했다. 울창한 정글과 남베트남 양민들 사이에 숨어 있는 베트콩과 전투는 미군에게 가장 위험하고도 힘든 전투였다. 마지막으로 '수렁'과 '반전운동'이다. 전쟁이 장기화되면서 미국은 내외부로부터 비난에 직면했으며, 더 많은 병력과 물자를 투자했음에도 상황은 나아지지 않았고, 남베트남 정부는 전쟁의 승리보다 부정부패에 몰두함으로써 미국은 수렁에 빠져드는 느낌을 받았다. 한편 언론 매체의 발달과 종군기자들의 활동은 미국의 가정에 실시간으로 베트남 전쟁의 참상을 전달하였다. 미국의 국민들은 '우리의 젊은 이들이 왜 저 무의미한 전쟁에서 희생되고 있는지' 의문과 분노를 표출하였다.

하늘 영화로 하늘을 보다

10장

머나먼 정글

지옥의 묵시록(Apocalypse Now)

개봉 : 1979년
감독 : Francis Coppola
주연 : Martin Sheen
배급 : United Artists(미)

1969년 윌라드 대위는 베트남 나트랑 야전군으로 소환된다. 그의 임무는 국가를 배신하고 캄보디아 정글로 숨어버린 미 특수전부대 커츠 대령을 찾아 제거하는 것이다. 윌라드 대위는 동료들과 함께 넝강을 따라 캄보디아로 올라간다. 강으로 이동하기 전에 팀의 안전문제를 해결하기 위해 헬기 공중강습대대 킬고어 중령을 만난다. 킬고어 중령의 헬기대대는 베트콩을 제거하기 위해 무자비한 공습을 감행한다. 윌라드는 마침내 커츠의 사원에 도착하고 커츠를 칭찬하는 미국 기자를 만나게 된다. 윌라드는 커츠의 캠프에서 사로잡히게 되고 커츠에게 끌려가게 된다. 커츠는 윌라드에게 부하의 잘린 목을 보여주고 절대 도망가지 말 것을 지시한다. 한편 커츠는 자신의 전쟁론을 설파하면서 윌라드가 결국 자신을 죽일 것이라고 말하는데……

플래툰(Platoon)

개봉 : 1986년
감독 : Oliver Stone
주연 : Tom Berenger
배급 : Orion Pictures(미)

1967년 크리스 테일러는 캄보디아 국경에 인접한 25보병사단 소대에 배속된다. 소대는 울프 중위의 지휘를 받지만 소대원들은 반즈 하사와 일리어스 병장을 더욱 신뢰한다. 순찰임무 도중 2명의 병사가 부비트랩에 의해 사망을 하고 반즈 하사는 그 원인이 된 베트콩을 찾아내기 위해 인근 마을 촌장을 만나 다그친다. 그의 부인은 반즈에게 항의를 하고 반즈는 그녀를 살해한다. 반즈는 촌장 딸의 머리에 총을 대고 베트콩의 위치를 캐묻는데 마침 나타난 일리어스가 반즈에게 일격을 가하여 행동을 제지한다. 부대 복귀 후 일리어스는 상황보고를 하고 중대장 해리스는 불법적인 민간인 살해는 군법회의에 회부될 것이라고 말한다. 다음 순찰임무에서 소대장 울프는 실수로 포대가 자신의 소대를 공격하도록 명령한다. 이 와중에 정글에서 반즈와 일리어스가 마주치게 되고 반즈는 일리어스에게 총격을……

영화 「지옥의 묵시록」과 「플래툰」은 베트남전의 성격을 가장 잘 표현하였으며 영화사에 길이 남을 수작으로 평가된다. 특이하게도 「지옥의 묵시록」은 아버지 마틴 쉰이 윌라드로, 「플래툰」은 아들 찰리 쉰이 테일러라는 주인공으로 출연하게 된다. 왜 지옥의 묵시록일까? 「지옥의 묵시록」의 원제는 「Apocalypse Now」로 '대재앙'이라는 말이다. 필자는 한국어로 번역된 '지옥의 묵시록'이라는 표현이 훨씬 더 영화의 주제를 잘 담고 있다고 생각한다. 지옥이라는 베트남 정글의 공간에서 전쟁으로 인해 인간이 겪고 있는 육체적·

정신적 고통이 미래에 전하는 교훈이라는 메시지가 우리에게 필요하기 때문이다. 한편「지옥의 묵시록」은 국가와 개인(군인)이 전쟁이라는 상황을 상호 어떻게 인식하고 대응하는지를 보여주는데, 윌라드 대위를 중심으로 킬고어 중령과 커츠의 대령의 이야기가 전개된다.

영화의 도입부는 윌라드의 눈에 비친 킬고어 중령을 통해 군인이 적과 싸운다는 것의 현실적 의미를 보여준다. 킬고어 중령이 탑승한 공중강습 헬기 편대는 윌라드의 침투임무를 지원함과 동시에 헬기장을 개척하기 위해 해안마을을 맹렬히 공격하고, 곧이어 F-5 편대가 마을 주변 정글에 네이팜탄을 투하한다. 관객은 공중강습 헬기부대의 강력한 기총과 로켓 공격 장면을 통해 미군이 베트남군과 양민을 살육하고 있다는 느낌을 받을 수 있다. 착륙한 킬고어 중령이 F-5 항공기가 투하한 네이팜탄 냄새를 자기는 좋아하며, 폭격을 많이 받은 곳은 시체 썩는 냄새가 나지 않는다는 말을 부하들에게 들려준다. 이로 인해 미군의 비인간적이라는 이미지가 살육에 더해질 가능성도 발생한다. 반면 관객이 군인 킬고어의 입장에서 그 상황을 바라보면 조금 이해가 다를 수 있다. 적의 대공포 사격을 받으며 적진에 침투하는 헬기 전투요원의 입장에서 베트콩을 선별하여 공격하는 것은 쉽지 않으며, 네이팜탄 사용의 목적은 민간인들을 학살하는 데 있는 것이 아니라 정글에서 작전 용이성과 아군 생존성을 확보하기 위한 우선적 조치인 것이다. 물론 네이팜탄의 과도한 인명살상 및 자연파괴 효과로 인해 지금은 선진국들이 사용을 자제하고 있으며, 민간인 지역에서 네이팜탄 사용은 금지되었다. 킬고어 중령은 옆에 포탄이 떨어지는데 미동도 없으며 웃통을 벗고 병사들을 격려하는 마초적인 리더십을 보여주고, 부상당한 부하들을 진심으로 걱정하는 자상함도 보여준다. 전쟁은 인간의 선악을 다 보여주지만 선악을 정확히 구별할 수 없는 모호성과 복잡성을 동시에 내포하고 있다는 것도 생각해 보아야 할 포인트이다.

영화는 마지막에 이르러 윌라드 대위가 커츠 대령의 전쟁에 대한 인식에 동조하면서 심적 갈등을 겪는다. 그러나 커츠 대령이 자신의 목숨을 살려주었음에도 결국 국가에서 지시받은 대로 그를 제거하게 된다. 관객들은 전쟁은 나쁜 것이고 윌라드 자신도 커츠 대령의 생각에 동조했으면서 커츠 대령을 살해해야만 했을까 하는 의문을 가질 수 있을 것이다. 윌라드는 베트남전이 무의미한 인간성 상실의 현장이라는 것은 너무나 잘 알고 있다. 동시에 국민들의 의사를 위임받은 국가가 혹시 잘못된 행위를 국민이나 군인에게 지시하는 경우 어떻게 할 것인가에 대해 많은 생각을 했을 것이다. 경우에 따라 반대 의사를 표명하거나 명령을 실행하지 않는 정도는 이해의 여지가 있을 수 있다고 판단했을 수도 있다. 반면 자신의 생각이 옳기 때문에 판명되지 않은 국가의 부도덕함이나 잘못을 고치려는 행위를 직접 하는 것 즉, 전쟁 중에 군인이 군을 이탈하여 자신의 독자적 왕국을 세우는 등의 행동은 항명을 넘어 반역이라고 판단했을 가능성이 높다. 결국 윌라드의 입장에서 커츠 대령의 기이한 행동은 자신의 도덕적 기준에도 맞지 않고, 원주민과 미군 모두에게도 위협이 될 뿐이라는 결론을 내렸을 것으로 본다.

영화 「지옥의 묵시록」과 「플래툰」에서 공통으로 전장상황을 주도해 나가는 수단은 헬기이다. 베트남전의 성격을 많은 사람들이 '헬기전(Chopper War)'이라고 규정하는 이유이기도 하다. 특히, 베트남전 이후 국제적으로 헬리콥터란 말 대신 초퍼(Chopper)란 말이 더 널리 쓰이게 되었다. 초퍼가 된 이유는 미국인들에게 헬기의 블레이드(날개)가 돌아가는 소리가 '찹-찹-찹'으로 들려서라고 한다. 베트남전에서 헬기가 전장의 주인공이 된 것에는 정글이라는 환경적 요인이 크게 영향을 미쳤다. 전투 지역으로 또는 후방으로 인원 및 장비의 수송이 하늘이라는 공간을 이용하지 않고서는 쉽지 않았던 것이다. 또한 공격 표적과 병력들이 정글 안에 위치하다 보니 빠른 속도와 높은 고도를 유지하는 고정익 항공기보다는 정지상태의 낮은 고도에서 무장을 발사하여 지상군을 지원하는 헬기가 보다 효과적이었다. 헬기가 기관총을 효과적으로 사용하면서부터 많은 사람들은 헬기를 '건십(Gunship)'이라고 불렀다. 반면 베트남전에 근접 항공 지원용 'AC-130 건십'이 공식적으로 등장하면서부터는 군의 공식적인 작전에서 헬기의 '건십' 용어 사용은 제한되었다.

영화 「플래툰」에서는 헬기나 전투기 등 항공 전력에 의한 '비의도적인 아군 살상'과 '아군에 의한 의도적인 아군 살해'의 장면이 동시에 조명된다. 아군에 의한 '비의도적인 살상'은 영어로 'Fratricide'로 표현한다. '비의도적인 아군 살상'은 아군 간 부적절한 커뮤니케이션 혹은 공습을 하는 주체의 오인으로 종종 발생한다. 다수의 전쟁 영화에서 아군의 절대적 열세상황에서 백병전으로 인한 극심한 피해가 불가피한 경우 의도적인 'Fratricide' 상황을 요구하기도 한다. 반면 '의도적인 아군에 의한 아군 살해'는 있어서는 안 될 일로서 공식적으로 확인하는 것이 사실상 제한된다. 하지만 베트남전의 경우 이런 불미스런 상황이 발생한 것이 사실이며 정글의 게릴라전투가 만들어 낸 인간 공포와 증오의 산물이다. '아군에 의한 아군 살해'는 주로 개인적인 감정 분출이나 전장의 공포에서 벗어나려는 극단적 심리에 의해 추동된다. 영어로는 'Fragging'이라고 하는데, 은근슬쩍 폭탄을 동료에게 투척하여 살상을 가한 뒤 위험 지역을 벗어나 후퇴하는 것에서 유래하였다. 영화에서처럼 직접 동료에게 총을 발사하는 경우도 발생한다.

영화 「플래툰」에서는 '아군에 의한 아군 살해' 장면을 통해 미국 사회의 인종 간의 갈등을 오버랩시킨다. 반즈 하사로 대변되는 백인 중류층과 일리어스로 대변되는 히피나 유색인종 간의 갈등이 전쟁이라는 상황에서 표출되고 있는 것이다. 다만 이로 인해 인종차별적 행동을 하는 백인은 나쁜 사람들이라는 단편적 인식의 형성은 좀 곤란하다고 생각된다. 이렇게 형성된 인식이 베트남전뿐만 아니라 현재의 미국의 정치 상황으로까지 이어지고 있기 때문이다. 여기서 생각해 볼 부분은 정치는 정치진영 간의 공존을 위한 최선의 노력이 이루어져야 하는 것으로 어느 한쪽을 비난하는 것보다 잘못된 가치인 인종차별을 없애는 협력에 집중되어야 할 필요가 있다. 한국 사회도 정치 양극화라는 갈등의 시기를 겪고 있다. 어쩌면 이 갈등이 갈등 해소를 위한 전쟁으로 이어져서는 안 된다는 것을 「플래툰」이 강조하고 있는지도 모른다.

최후의 출격(Flight of Intruder)

개봉 : 1991년
감독 : John Milius
주연 : Danny Glover
배급 : Paramount
          Pictures(미)

콜과 제이크는 SAM 제압 임무를 위해 A-6B 항공기로 출격한다. 우여곡절을 겪지만 임무에 성공하게 된다. 귀환 도중 제이크는 콜에게 하노이 폭격을 제안하지만 콜은 교전규칙 위반을 들어 거절한다. 한편 동료 박스맨이 공격임무 중 격추를 당하고 베트남이 이를 TV로 중계하자 분노한 콜은 하노이 공격을 감행한다. 이로 인해 둘은 군법회의 사전 청문회에 참석하는데 이때 미 대통령의 지시로 미군의 라인베커 공세가 시작된다. 대대장 캄파렐리 중령은 이 둘의 비행을 금지시키고 자신이 직접 출격한다. 캄파렐리는 성공적인 임무를 수행하지만 대공포에 격추당한다. 이에 콜과 제이크는 캄파렐리를 구하기 위해 다시 출격하게 되는데…….

「지옥의 묵시록」과 「플래툰」에서는 미 육군헬기를 중심으로 베트남전 이야기가 전개된 반면 영화 「최후의 출격」은 미 해군과 공군의 활약상이 잘 묘사된다. 영화는 미 해군 공격기 A-6B의 임무 성공 과정과 지상위협에서 살아남기가 얼마나 어려운지 잘 보여준다. 조종사 콜과 제이크가 자동으로 무장을 투하하려는 순간 폭격 시스템이 고장이 난다. 조종사의 입장에서 죽을 고비를 뚫고서 겨우 목표 지역에 침투했는데 폭탄이 투하되지 않으면 참으로 난감하다. 한 차례 투하를 시도했는데 투하되지 않은 폭탄을 'Hung Bomb'이라고 부르며 조종사는 이것을 장착한 상태에서 항모로 착류해서는 안 된다. 따라서 장착해 간 폭탄은 오늘 밤 반드시 투하를 해야만 하는데 머리가 복잡해지는 것이다. 아무 데나 투하하고 귀환하고 싶은 마음이 들 수 있다. 영화는 생명의 위험을 감수하고 다시 침투경로를 따라서 진입한 뒤 수동으로 폭탄을 투하하는 조종사들의 용기와 사명감을 조명한다.

영화에서 야간 베트남의 지대공 미사일과 대공포탄은 A-6B를 향해 마치 비디오게임처럼 날아온다. 조종사들은 실제 침투상황에서 최대한 적 레이다에 노출되지 않도록 온갖 수단을 다 동원한다. 항공기에 장착된 저도도 지형추적 레이더(Terrain Following RDR)를 이용하여 최대한 낮게 비행함으로써 레이더파의 추적을 피하며, 최대 침투속도를 유지하여 적 레이다 및 육안 추적의 시간을 줄이게 된다. 동시에 전자방해대책(ECM : Electronic Counter Measures)을 활용하여 적의 레이더 및 유도미사일에 잘못된 신호를 줌으로써 발사를 방해하거나, 채프와 플레어를 살포하여 요격의 실패를 유도하게 된다.

무장투하 후에는 급강하하거나 급상승하면서 좌우로 방향을 변화시키는 징크(Zinc) 조작을 하면서 만일의 사태에 대비하게 된다. 영화에서처럼 저고도에서 미사일이 갑자기 발사되어 회피할 시간이 거의 없는 경우, 미사일 오는 방향으로 급격히 선회(High G-turn)함으로써 헤드 온(Head on) 상태를 만들어 미사일이 비켜 나가도록 회피기동을 실시한다. 반면 많은 전투사례나 영화에서는 지대공 미사일이 아닌 대공포나 소총에 의해 항공기가 추락하거나 조종사가 다치는 경우를 볼 수 있다. 가장 허무하게 느껴지는 순간이기도 하다. 베트남전 당시 지상화기에 의한 항공기 피해를 보완하기 위해 헬기를 포함한 일부 항공기들의 조종석, 엔진, 조종면 등에 장갑(Armor Plating)이 덧대어지기도 했으나 보편적으로 취해진 조치는 아니었다.

영화 말미에 격추된 A-6B 조종사들이 생환을 위해 공군의 근접항공 지원을 요청하고 공군의 A-1 Skyraider 편대가 등장한다. A-1 항공기는 역대 전쟁에서 가장 마지막까지 임무를 수행한 구형 피스톤 엔진 프로펠러 공격기이다. A-1 항공기는 헬기처럼 베트남의 정글 지형에서 효율적으로 근접항공 지원 임무를 수행할 수 있었으며, 특유의 기동성능으로 베트남군의 MIG-17 항공기를 공중전에서 격추하기도 하였다. A-1 항공기가 필자의 눈에 들어온 것은 한국 공군도 KA-1 항공기를 운영하고 있기 때문이다. KA-1 항공기는 한국이 독자적으로 설계·제작한 KT-1을 기본 골격으로 공격 및 전술항공통제 임무에 적합하도록 개발한 항공기이다. 물론 KA-1은 프롭 엔진으로 미국의 A-1과는 차원이 다른 신형 항공기이며, 페루 및 세네갈이 한국 KA-1(모델은 상이) 항공기를 도입하여 비정규전 및 게릴라전 작전 용도로 활용하고 있다. 한국 공군의 KA-1 항공기는 도입 시기인 2005년에는 전술항공통제에 집중하여 명칭이 KO-1이었으나, 2007년부터는 공격무장 및 공격임무를 강화함으로써 KA-1이 되었다.

하얀 전쟁

VIETNAM 1965-75
하얀전쟁
WHITE BADGE

추석특선!! 아세아
9월 5日[토]開封

개봉 : 1992년
감독 : 정지영
주연 : 안성기
제작 : 대일필림

월간지에 베트남전 소설을 연재하는 한기주는 무력감과 베트남전 참전의 후유증으로 아내와 별거와 다름없는 생활을 한다. 그러던 어느 날 옛 전우였던 변진수의 전화를 받는다. 그리고는 서서히 베트남전의 악몽 속으로 되돌아간다. 마지막 임무인 흔바산 죽음의 계곡에 투입된 소대는 함정, 부비트랩, 독화살 등 죽음의 그림자 숲을 지나면서 쓰러져, 47명 중 7명만이 살아남는다. 10년이 지나 불현듯 나타난 변진수는 권총으로 자신을 죽여 달라고 한다. 그가 한기주를 찾아온 이유는 자신을 죽여줄 사람이 필요했기 때문이다. 마침내 한기주는 그의 이마에 권총을 겨누게 되는데…….

영화 「하얀 전쟁」과 「창공에 산다」는 공히 베트남전과 관련성이 있는 한국 영화이다. 독자들의 입장에서 「하얀 전쟁」은 한국군의 베트남전 파병을 다룬 것이 맞지만 「창공에 산다」는 한국 공군의 간첩선 작전을 다룬 것인데 무슨 연관성이 있느냐고 의문을 가질 수 있을 것이다. 이해를 돕기 위해서는 당시 시대적 배경설명이 조금 필요할 것 같다. 한국은 미국이 베트남과 벌이고 있는 자유민주주의 수호 전쟁에 동맹의 자격으로 1964년부터 파병을 하였고, 북베트남군과 베트콩은 한국군의 활약에 크게 고전하였다. 이에 호찌민은 북한의 김일성에게 같은 공산주의 국가로서 파병을 요청하였지만 김일성은 이를 거절하였다. 다만 무장간첩의 침투 등을 통

창공에 산다

개봉 : 1968년
감독 : 이만희
주연 : 신성일
제작 : 동남아영화공사

공군사관학교를 졸업한 하 소위는 조종사가 되기 위해 박창수 중령의 훈련부대에 배치받는다. 그의 동기생들은 부대에 도착하자마자 마주친 강선영을 보고 모두 반한다. 동기생들은 모두 강선영에게 접근을 해보지만, 선영은 하 소위에게 매력을 느끼고 이후 두 사람은 편지를 교환하며 사랑을 키워나간다. 파일럿 훈련이 끝나 부대에서 파티가 열리는 날, 하 소위는 설레는 마음으로 선영에게 초대장을 보내지만, 어찌된 일인지 그녀는 나타나지 않고 그 이후로 볼 수 없게 된다. 중위가 된 그는 박창수 대령의 부대에 전투 조종사로 발령이 난다. 하 중위는 그곳 부대에 강선영이 와 있는 것을 보고는 강선영이 박 대령과 연인 사이인 것으로 오해하고 상처를 받는다. 이 사실을 알게 된 박 대령은 하 중위에게 사실은 선영이는 자신의 여동생이라고 말해준다. 어느 날 간첩선의 출현으로 박 대령과 하 중위는 동시에 출격한다. 두 사람은 간첩선을 격침시키지만 하 중위는 간첩선의 대공포에 피탄되는데…….

해 한국의 정세를 불안정하게 하여 호찌민을 간접적으로 지원함과 동시에 자신의 한반도 적화통일의 여건을 조성하려고 하였다. 김일성은 「창공에 산다」가 개봉된 그해(1968) 1월 21일에는 김신조를 포함한 무장공비들의 청와대 습격을 지시하고, 1월 23일에는 미군 정보함 푸에블루호를 북한으로 피랍하여 한반도에 일촉즉발의 전쟁위기를 조성하였다.

한국이 베트남전에 파병을 하게 된 데는 몇 가지 이유가 있다. 첫째, 미국이 베트남 전쟁에서 단기 승부를 보지 못하는 경우 병력의 충원이 큰 문제가 될 수밖에 없었다. 미군의 충원병력 중에서 본토보다 더 가까운 곳에 위치하면서도 가장 훈련이 잘된 전력이 주한미군이었다. 한국 정부 입장에서 미국이 베트남전 파병을 요구하는 경우 주한미군의 변함없는 북한군 남침 저지용 인계철선 역할 수행을 보장받기 위해서는 거부가 어려웠다. 둘째, 한국은 6.25 전쟁을 통해 미국과 동맹관계를 맺었으며 이를 통해 한국에 자유민주주의 가치를 온전히 정착시킬 수 있었다. 따라서 동맹인 미국이 베트남에서 벌이는 자유민주주의 수호 전쟁을 외면하기 어려웠다. 셋째, 한국 정부는 북한의 위협이 상존하는 상태에서 한국의 안보가 미국의 정치적 판단과 입장에 따라 좌지우지되어서는 안 된다고 깊이 인식하였다. 베트남전 참전을 통해 미국의 군사원조 및 기술지원을 확보함으로써 자주국방의 기틀을 마련하고자 하였다.

이런 상태에서 북한의 청와대 습격과 푸에블루호 피랍사건이 발생한 것이었다. 박정희 대통령은 북한의 도발에 단호한 대응을 계획하고 있었지만, 미국의 입장에서 베트남과 한국에서 혹시 있을 수 있는 전쟁을 동시에 수행하기는 힘들다고 판단하였다. 미국은 한국의 자주국방 능력을 강화해 주는 방안을 유인책으로 한국 정부의 대북 강경대응책을 억제하게 된다. 영화 「창공에 산다」 도입부에 박창수 중령이 현충원의 동기생 묘를 방문하였을 때 동기생의 부친이 이제 '팬텀 공군'으로 성장한 한국 공군이라는 말을 하게 되는 배경이다. 한국 공군은 이전부터 최신예기를 도입하여 자주국방을 신속히 달성하려 했으나 미국은 한국의 움직임에 적극적으로 동조하지 않았다. 하지만 두 개의 사건이 발생하자 미국은 당시 세계 최고의 전투기였던 F-4 전투기를 한국에 판매하기로 결정하였으며 한국에는 1969년 전투기가 도입되게 된다. 한국 공군이 F-4를 도입한 이후에도 북한은 「창공에 산다」에서처럼 간첩선 및 간첩을 지속적으로 침투시켜 한국의 후방을 교란함으로써 베트남전을 수행하고 있는 한미동맹을 압박한다.

「하얀 전쟁」은 한국 사회가 소홀히 다룰 수 있는 베트남전 참전용사들의 '외상후 스트레스 증후군(PTSD : Post Traumatic Stress Disorder)'의 비극을 다루고 있다. PTSD의 경우 개인과 사건에 따라 다양한 증상으로 나타나고 그 강도와 나타나는 시기도 차이가 있다. 일반적인 증상은 당시 상황이 재현되는 느낌, 악몽의 지속, 부정적인 마음이 지속되거나 우울증 증상, 각성상태나 그 반대로 집중이 안 되는 상태의 지속, 공감력 저하, 사람이나 업무 기피 등의 형태로 나타난다. 영화의 변진수의 경우, 감정 과잉형태의 히스테리, 피해망상, 불안감 지속, 앞뒤가 맞지 않는 의사표현 등의 형태를 보인다. 변진수가 한기주에게 권총으로 살해를 부탁하는 것은 해결의 기미도 없이 반복되는 자신의 고통을 끝내는 방법이 그것밖에 없었고, 한기주는 책임감과 배려의 입장에서 변진수의 요청을 거부할 수 없었기 때문이다. 이 장면에서 관객들은 감정적으로 우리 정부가 왜 불필요하고 의미 없는 전쟁에 참여해서 국민들의 인권을 심각히 침해한 것인지 분노할 수 있다. 필자는 앞에서 한국의 베트남전 참전 배경을 설명하였다. 물론 참전 배경설명이 베트남 전쟁으로 인해 사망한 영혼들을 충분히 위로할 수 없으며 고통을 겪는 참전용사의 아픔을 가시게 할 수 없다. 혹자는 참전의 배경을 설명하는 것 자체가 과거의 잘못에 잘못된 기억을 주입하는 것이라고 항변할 수 있다. 하지만 60~70년대 한국 사회는 베트남전 참전에 대해 불편하지만 한국의 안보와 경제를 위해 받아들여할 사안으로 인식하였다. 그렇다면 현재의 일부 평가로 그때를 바라보는 것도 잘못된 기억을 주입하는 것과 다름이 없다. 다만 우리가 할 수 있는데도 하지 않은 것에 대한 철저한 반성이 필요하다고 본다. 베트남 참전용사들의 희생, 영화의 경우 변진수의 PTSD에 대해 국가가 지속적인 카운셀링, 약물치료, 생활지원 등은 고사하고 확인할 생각조차도 하지 않았다는 것이다. 또한 국가가 다시는 안보로 인해 젊은이들이 죽음에 내몰리지 않도록 강력한 국가를 만들어야 하는데 그러지 못한 것에 더욱 가슴 아파해야 하는 것은 아닐까 하는 생각이 든다.

조종사들의 경우에도 종종 PTSD 증상을 겪는다. 영화「전송가」에서 헤스 대령이 목회자의 길을 접고 전쟁에 다시 돌아오는 것도 본인이 제2차 세계대전에서 고아원 오폭으로 인한 피해자들에 대한 PTSD 때문이었다. 그래서 6.25 전쟁 기간 중에도 전쟁고아들에 대한 사랑의 실천으로 그것을 극복하고자 했었다. 제2차 세계대전이 끝나고 나서 독일을 방문한 일부 연합국 조종사들이 자신들로 인해 수많은 인명이 살상되고 도시가 파괴되었음을 안 뒤 PTSD 증상을 겪은 것으로 보고되기도 한다. 조종사의 경우 꼭 전쟁이 아니더라도 사고에 의한 PTSD 증상을 겪는 사례도 다수 있다. 필자가 근무하던 비행단의 한 대대에서 3기 공중전투 임무를 수행하던 중에 2대의 항공기가 공중 충돌하는 사고가 발생하였다. 적기를 가상한 표적기를 향해 순차 공격을 들어가는 2대의 #1, #2 항공기가 자신의 의도를 편조에게 외부통화로 전달했지만 공교롭게도 그 순간 라디오 재밍(혼잡)이 발생했다. 먼저 공격을 하던 #1 항공기는 확실한 무장발사를 위해 좀 더 표적기 상공에 머무르려 했고, 후속 공격을 시도하던 #2 항공기는 당연히 먼저 공격하던 항공기가 외측으로 빠져나갈 것으로 예상하고 공격기동에 들어갔다. 표적기 조종사는 두 항공기가 근접하는 것을 보고 경고의 방송을 하려했으나 상황은 이미 끝나 있었다. 사고처리가 끝나고 난 뒤 모두에게 일상이 찾아왔지만 표적기 조종사에게 일상은 오지 않았다. 공중전투 기동 임무를 하려고 하면 자꾸 사고 장면이 눈앞에 펼쳐지고 내가 무엇을 할 수 있을까라는 생각이 든다는 것이었다. 심지어 야간에 비행준비를 하러 비행대대를 가면 가끔씩 순직한 조종사의 모습이 보인다는 것이었다. 그런데 이러한 현상을 PTSD라고 생각을 하면서도 드러내어 말하기도 어려웠다. 그것은 정상적인 조종사들은 표적기 조종사의 상황을 이해하기 어려웠을뿐더러 불안감이 확산될 수 있기 때문이었다. 표적기 조종사는 다른 부대로 전출을 갔고 그해 말 전역을 했다.

「창공에 산다」에서 주인공들이 주간에 침투한 간첩선을 공격하는 장면이 나온다. 주간이라는 설정은 감독의 의중이 반영되었겠지만 통상 간첩선은 야간을 이용하여 침투한다. 따라서 간첩선 침투에 대비해서 조종사들은 야간 해상표적 공격훈련을 실시하며 임무의 난이도가 높아 숙련된 조종사들만이 훈련에 임할 수 있다. 훈련은 수송기 조명하에서 해군함정이 견인하는 가상 간첩선 표적을 공격하는 형태로 진행된다. 일단 야간상황에서 속도 차이가 많이 나는 전투기와 수송기가 근접거리에서 비행패턴을 유지한다는 것 자체가 매우 어렵다. 수송기가 야간 조명탄을 투하하면 그 빛이 살아 있는 동안 3~4km 상공에서 바다의 물체를 식별하고 그 곳에 폭탄을 투하해야만 하는 것이다. 야간에 바다를 향해 깊은 강하각을 유지하는 경우 계기를 보지 않고서는 항공기의 자세가 어떤지를 잘 인식하지 못하는 경우가 발생한다. 폭탄을 투하하고 다시 상승할 때 자주 발생하는 현상은 조명탄의 불빛 쪽으로 조종사가 항공기를 끌어올린다는 것이다. 이것을 나방효과(Moth Effect)라고 하는데 불빛 쪽으로 끌리다 보니 경사가 져도 잘 인식하지 못하게 되는 것이다. 요즈음은 간첩이 꼭 간첩선을 이용하지 않더라도 한국에 침투할 수 있는 시대가 되어버려 조종사들이 평시 간첩선을 공격하는 훈련의 중요성도 줄어들었다. 하지만 전투기 조종사는 전평시를 대비하는 존재이므로 오늘 밤에도 어두운 바다를 향해 폭탄을 투하하고 있을 것이다.

하늘 영화로 하늘을 보다

11장

나는 살아 있다

배트 21(Bat 21)

개봉 : 1988년
감독 : Peter Markle
주연 : Gene Hackman
배급 : Tri-Star
　　　Pictures(미)

미 공군 중령 햄블턴의 개인 호출부호는 BAT-21이다. EB-66C 승무원으로 출격하지만 항공기가 지대공 미사일에 격추되어 유일하게 생존한다. 당시 임무 중이던 O-2 전방 항공기 통제 조종사 클라크와 교신을 하여 자신을 위치를 알리게 된다. 햄블턴은 생존을 위해 민가에 들어갔으나 주인에게 들켜 부상을 입게 되고 물품 획득에 실패한다. 햄블턴은 자신이 익숙한 골프코스를 암호화하여 항공기에 생환 경로를 알려준다. 수차례 구조가 시도되지만 모두 실패하고 항공기와 승무원의 피해가 속출한다. 이때 클라크가 헬기를 타고 나타나서 햄블턴을 구조하려 하지만 대공포에 또다시 격추되고 부상을 입게 되는데…….

레스큐 던(Rescue Dawn)

개봉 : 2006년
감독 : Werner Herzog
주연 : Christian Bale
배급 : Metro-Goldwyn-
　　　Mayer(미)

1966년 미 해군 A-1 조종사 뎅글러 중위는 라오스 상공에서 격추된다. 격추된 뎅글러는 라오스군에 체포되고 미국을 비난하는 문서에 서명할 것을 강요받는다. 이를 거절하자 심한 고문을 받은 뒤 전쟁포로수용소로 이송된다. 뎅글러는 이미 수감된 조종사들을 만나게 되고 탈출계획을 설명하지만 반응이 신통치 않다. 수용소의 열악한 환경으로 인해 모두는 고통을 받게 되고 점점 식량 상황이 악화되자 라오스군이 모두를 살해 후 자기들의 지역으로 돌아갈 것이라는 것을 알게 된다. 수용자들은 탈출을 계획하고 독립기념일 7월 4일에 탈출을 감행한다. 하지만 계획과 달리 모두가 정글로 흩어지게 되는데…….

　　영화 「배트 21(BAT-21)」과 「레스큐 던(Rescue Dawn)」은 베트남전에서 미 공군과 해군 조종사들의 생환과 구조의 과정을 가장 잘 표현했다고 평가받는 영화들이다. 「배트 21」은 53세의 미 공군 전자전 공중승무원을 구조하는 전 과정을 보여주는데, 수많은 인적 희생이 발생하면서 일각에서는 가장 값비싼 구조활동이었다고 비판적인 시선을 보내기도 한다. 하지만 주인공 햄블턴 중령이 베트남군에 생포되었을 때 미군에 미칠 파급효과가 워낙 컸기 때문에 미군 지휘부는 희생을 감수한 구조활동을 전개할 수밖에 없었다. 「배트 21」에서 극적인 구조활동을 가능하게 한 일등공신 중 하나가 생환

장비에 포함되어 있던 AN/PRC-77 단파(VHF) 송수신기이다. 자신의 위치를 설명하고 구조활동을 협조하는 데 있어 송수신기가 없었으면 불가능했을 것이다. 또한 항공기와 통신을 통해 생환의 희망을 이어갈 수 있었다. 한편 구조전력이 자신에게 근접했을 때는 자신의 위치를 정확히 알려주는 것이 생환에 있어 중요하다. 「배트 21」에는 야간에 햄블턴 중령이 '버드 독(O-2기 조종사)'에게 '비콘 라이트'를 비추어 자신의 위치를 알리는 장면이 있다. 조종사의 생환장비 키트에는 송수신기 외에도 위치를 알려주는 다수의 장비가 포함되어 있어 조종사는 상황과 용도에 맞게 이를 사용하게 된다. 주간에는 거울과 연막탄을, 야간에는 비콘 라이트(주간사용도 가능)와 연막탄을 불꽃형태로 바꾸어서 주로 사용한다. 해상에 조난되었을 때는 노란색 염색 도료(Dye Marker)를 구명정 주위에 뿌리기도 한다. 시간이 흘러 생환 장비가 발달하면서 팽건(Fang Gun) 등이 포함되었고 위치 표시와 함께 단거리 방어용 장비로 활용되기도 한다.

영화 「배트 21」과 「레스큐 던」은 생환에 있어 무엇보다 중요한 음식물 확보에 있어 대조적인 장면을 보여준다. 햄블턴 중령은 음식물을 구하기 위해 민가로 잠입하고 「레스큐 던」의 주인공 뎅글러 중위는 야생에서 뱀을 잡아먹는다. 햄블턴 중령은 민가에 잠입하였다가 주인에게 발각되어 칼에 크게 상처를 입고 주인을 살해하게 된다. 이 지점에서 필자는 과거 초급장교 시절 생환훈련 과정에서 뱀을 잡아먹던 기억을 떠올렸다. 요즘은 조종사 생환훈련에서 통상적으로 뱀을 잡아먹지 않는다. 과거 생환 교관들은 뱀을 잡아먹어야 하는 이유 중 하나로 민가에서 음식물을 구득할 경우 위험에 노출될 가능성이 크기 때문이라고 강조하였다. 하지만 뱀을 잡아야 할 조종사의 입장에서 선뜻 몸이 앞으로 나가지 않는다. '평시에 우리가 왜 이런 행동을'이라는 생각이 스쳐 간다. 하지만 우리가 전시에 대비하는 존재라는 의무감이 밀려올 때 자신도 모르게 뱀의 목을 누르고 있다.

「레스큐 던」에서 항모로부터 출격한 뎅글러 중위는 피격된 후 체포되어 캄보디아 전쟁포로(POW) 수용소에 수감된다. 포로수용소에는 이미 수감된 지 오래된 조종사들이 있다. 뎅글러가 동료들에게 탈출계획을 설명하자 반응이 뜨뜻미지근하다. 이유인즉슨 우기도 아닌데 탈출했다가는 탈수증세로 먼저 죽을 것이 뻔하다는 판단에서 보인 반응이다. 생환에 있어 가장 중요한 것은 마실 물일 것이다. 뎅글러는 생환의 의지만 충만해서 중요한 것을 잠시 잊어버린 것이다. 요즘 조종사들의 생환 장비에는 물을 정수하는 간단한 키트가 들어 있다. 하지만 당시에 그 키트가 들어 있었을 가능성은 낮다. 항공기에서 탈출할 때 사용한 낙하산이나 속내의를 받쳐 물의 이물질을 걸러 내어 마시는 것이 유일한 대책인데 주인공은 그것마저 할 수 없는 상황이었다.

그러다가 우기가 되어 탈출 가능 시기가 되었지만 탈출에 대한 이견이 발생한다. 무리하게 탈출을 시도할 필요가 없다는 것이다. 탈출을 시도하다가 잡혀서 죽거나 더 심한 고통을 받으니 수용소에서 어려움을 잘 감내하고 견디면 된다는 입장과 충돌하게 된 것이다. 인간의 생존이라는 욕구가 이러한 입장으로 정리되는 것은

하늘 영화로 하늘을 보다

어쩌면 자연스러운 일이며 이 또한 선택의 자유라는 측면에서 비난할 수 없다. 다만, 이러한 입장은 겨우 현상유지가 되거나 아니면 영화의 상황처럼 갑자기 모두가 처형될 수 있는 최악의 상황에 처할 수도 있는 것이다. 진정한 자유의 달성은 모두가 자신의 의지에 따라 조건 없는 자유를 추구할 때만 가능할 것이다. 뎅글러의 자유를 향한 질주가 해피 엔딩으로 끝나갈 때 필자의 시선은 다시 한국 사회로 돌아온다. 북한의 위협에 의해 우리의 자유가 좀 구속되더라도 평화롭게 사는 것이 올바른 삶이라는 말을 거리낌 없이 내뱉는 정치인과 학자들에게 묻고 싶은 말이 있다. 뎅글러 중위의 자유를 향한 질주는 금지되어야 하나요?

미소 냉전

냉전은 미국 및 나토와 소련 및 동구 우방국 간의 지정학적 긴장과 이념의 대립을 의미하였으며, 제2차 세계대전 종전 후부터 사람들에게 회자되기 시작했다. 냉전이라는 단어가 전 세계인에게 각인된 결정적 계기는 1947년 Walter Lippman이 『The Cold War』라는 책을 출간하면서부터이다. 미소 간에 실제 군사 분쟁이 없음에도 적대 및 경쟁의 팽팽한 긴장 상태가 오랜 기간 유지되었다.

미소의 대리전으로 평가되는 6.25 전쟁과 베트남전이 수행되는 기간에도 미소의 냉전은 지속되었고 소련이 해체되고서야 끝이 나게 된다. 1991년 소련의 해체와 함께 전 세계인들은 냉전이 종식되었다고 선포하였지만 어쩌면 우리는 지금도 새로운 냉전의 시대에 살고 있는지 모른다. 과거 냉전의 성격을 규정하는 단어는 '핵무기 경쟁', '데탕트', '스타워즈' 등을 들 수 있다. 제2차 세계대전의 종료와 함께 미소의 '핵무기 경쟁'은 가열되었으며, 더 강력하고 많은 핵무기를 보유함으로써 상대를 억제하겠다는 MAD 이론이 양국의 생각을 지배하였다. 양국의 대립상황은 1960년대 말부터 전략무기제한협상 등을 계기로 해빙의 분위기가 조성되었고, 유럽의 상호세력권 존중 및 중소관계가 정상화되면서 긴장 완화를 의미하는 '데탕트' 시대가 도래하였다. 하지만 1979년 소련이 아프가니스탄을 공격하면서 데탕트는 붕괴되었고 미소의 군비경쟁은 다시 가열되었다. 레이건 행정부는 1983년 소련의 대륙간탄도 미사일을 조기에 요격하는 전략방어정책, 일명 '스타워즈'정책을 추진함과 동시에 소련보다 무기 및 기술의 우위를 확보하려는 노력을 병행하여 세계 최강의 국가 면모를 보여주려 했다.

하늘 영화로 하늘을 보다

12장

핵과 무기의 도박

Dr. Strangelove or : How I Learned to Stop Worrying and Love the Bomb

개봉 : 1964년
감독 : Stanley Kubrick
주연 : Peter Sellers
배급 : Columbia
　　　 Pictures(미)

비행단장 리퍼 준장은 소련이 미국민들의 수돗물에 독극물을 투입하는 범죄를 저지르고 있다고 확신한다. 그래서 수소폭탄을 탑재한 B-52의 소련에 대한 핵 공격명령을 내린다. 미 합참의장은 국방성에서 핵공격으로 인한 대응절차를 대통령에게 브리핑하고 미 대통령은 리퍼를 체포하라고 명령을 내린다. 대통령은 소련 서기장과 통화를 통해 핵 공격이 진행되고 있음을 알리고 소련의 대비를 요청한다. 소련 서기장은 미국의 핵공격을 감지하는 경우 자동적으로 미국에 발사되는 '지구 종말 폭탄'이 있다는 사실을 밝힌다. 리퍼의 보좌관 만드레이크는 리퍼의 암호를 해독하여 미 폭격기들의 공격취소 및 소환에 성공하지만 '킹콩' 소령이 조종하는 폭격기는 통신장비가 고장 나서 임무가 중지되지 않게 되는데…….

파이어폭스(Fire Fox)

개봉 : 1982년
감독 : Clint Eastwood
주연 : Clint Eastwood
배급 : Warner Bros.(미)

미국은 소련이 개발한 마하 6, 레이더에 탐지되지 않으며 생각으로 비행통제가 가능한 신예기 MIG-31의 탈취를 계획한다. 임무를 위해 소련어 구사가 가능한 예비역 갠트 소령을 소련으로 보낸다. 소련의 KGB는 갠트의 움직임을 예의주시한다. 갠트는 반체제 인사들의 도움으로 파이어폭스 기지로 잠입한다. 갠트는 반체제 과학자들로부터 파이어폭스의 두 번째 시제기가 있다는 사실도 알게 된다. 과학자 바라노비치는 두 번째 시제기 폭파를 시도하지만 실패한다. 갠트는 첫 번째 시제기 조종사 보스코브를 때려눕히고 시제기에 탑승하여 무사히 기지를 벗어난다. 하지만 두 번째 시제기를 몰고 다시 나타난 보스코프와 공중전을 벌이게 되고 갠트는 보스코프의 후미공격으로 절체절명의 순간을 맞이하게 되는데…….

영화 「Dr. Strangelove or」는 미소의 냉전이 격화되던 시기 상호확증파괴(MAD : Mutually Assured Destruction)의 개념에 의한 미국의 핵 운영을 풍자하는 메시지를 담고 있다. 감독은 특히, 아이젠하워 행정부의 핵 운영교리의 예상 문제점을 자신만의 방식으로 표현하고 있다. 당시 미국 정부가 소련에 의해 공격을 당하는 경우 대량보복(Massive Retaliation)으로 대응한다는 교리는 영화에서 소련의 '지구 종말 폭탄'으로 상징되는 대재앙적 결과의 원인으로 설명된다. 미 합참의장은 실수로 인해 발생한 핵 공격을 돌이킬 수 없다면 아예 더 많은 핵을 퍼부어 소련을 확실히 제압해야 한다고 대통령에게 건의한다. 이것은 미국이 소련에 의해 국가안보가 심각히 위협받는 경우 예방공격(Preemptive Strike)을 할 수 있다는 입장의 은유이다. 한편 해제된 50~60년대 미국의 기밀문서를 통해서 영화상 리퍼 장군의 말도 되지 않는 조치가 허무맹랑한 상상만은 아니었음을 핵사용의 권한위임체계 허점을 통해 추론할 수 있다. 혹자는 영화에서 스트레인지러브 박사의 의견처럼 미국 시민 모두가 대피할 수 있을 정도의 충분한 지하방호시설을 스위스처럼 보유했다면, 미국이 대량보복의 핵전략을 쉽게 포기하지 못했을 것이라는 의혹의 시선을 보내기도 한다. 영화를 통한 감독의 상상력과 문제의식이 직접적인 영향을 미친 것은 아니지만 미국 정부는 유사시 핵 공격상황을 정밀히 판단하여 대응하는 유연성을 핵 교리에 반영하였으며, 미소 전략무기 감축이라는 진전된 결과를 이끌어 내었다. 그로부터 수십 년이 지난 현재의 미국의 핵 교리는 핵확산의 위험을 감소하고 핵 테러를 예방하면서 신뢰성 있는 핵억지력을 유지한다는 입장을 유지하고 있다. 이를 구현하기 위해서 미국은 핵무기 현대화, 미사일 방어체제 구축과 군비통제를 위한 외교적 노력을 병행하고 있는 것이다. 그런데 우리가 왜 미국의 핵 교리에 관심을 가지고 보게 되는 것일까? 그것은 안타깝게도 한반도에 핵을 개발한 북한이 우리에게 위협을 가하고 있으며, 우리는 미국의 핵억지력, 맞춤형 억제전략의 틀에서 북한에 대응하는 체계를 갖추었기 때문이다.

그런데 여기서 한국 국민으로서 생각해 봐야 할 두 가지 측면이 있다. 첫째, 한쪽이 핵으로 다른 쪽의 핵을 억제한다는 것은 사실상 매우 어려운 논리이다. 다만 이것이 핵의 최초 개발 후 현재까지 국제사회에서 작동될 수 있었던 것은 핵을 가진 나라가 적어도 공멸은 막아야 한다는 기본적 상식을 가졌음을 의미한다. 만약 리퍼 장군과 같이 충동적이고 망상적인 생각을 가진 나라들만 있으면 핵억제는 무용지물이 되는 것이다. 한반도에서 북한은 이미 핵을 보유하고 있으며 경험상 북한이 우리가 바라는 정상적인 생각을 하는 국가는 아닌 것으로 평가된다. 그렇다면 비정상적인 국가의 정상적인 사고를 유도하는 방법이 있을까? 정답이 딱히 있을 수 없지만 때로는 달래고 때로는 강력하게 대응하는 것이 우리가 생각해 낼 수 있는 최선의 방법일 것이다. 따라서 국민이 정부가 특정 대북정책을 펼치는 것이 절대적으로 옳고 그르다는 식의 평가는 바람직해 보이지 않는다. 단지 어떤 시기에 어떤 정책이 가장 적합할지를 정부와 국민이 함께 고민하는 것이 중요할 것으로 생각된다.

둘째, 동맹의 긴밀한 협력으로 지금까지 북한의 핵개발을 억제하려고 노력했지만 사실상 실패했다. 향후 북한이 핵을 통해서 자신들이 원하는 것을 일방적으로 얻으려 하고 우리의 안보를 위협하는 경우를 대비해야 할 필요가 있어 보인다. 또한 기존에 유지되어 왔던 동맹의 협조가 원만하지 않거나 미국의 대북 영향력이 작동하지 않으면 우리는 어떻게 해야 하는 것일까? 이 또한 단정적인 답을 내리기는 어려우나 그간의 협력 방향을 존중하면서도 우리의 자구책을 살펴보아야 한다. 그것이 무엇이 되든 간에 말이다.

영화 「파이어폭스」는 미소 간에 핵 경쟁과 함께 벌어졌던 치열한 기술경쟁 상황을 배경으로 하고 있다. 당시 양국은 각국이 기술 개발하는 것을 넘어 상대국에 간첩활동 협조자를 구축하였으며, 영화처럼 자국 조종사 침투를 통한 고성능 항공기 탈취 상황이 발생해도 전혀 이상하지 않을 정도였다. 영화가 모티브로 하고 있는 F-31(Fire Fox)은 실제 소련이 비밀리에 개발하고 있었으며 서방국가들의 관심을 끌던 MIG-25이다. 미국의 전략폭격기 B-52와 정찰기 SR-71 등을 요격하기 위한 목적으로 개발된 MIG-25 항공기는 최고속도가 마하 2.83~3.2에 이르며 고도 24km까지 상승할 수 있는 우수한 고속 요격기였다. 하지만 후일 MIG-25는 영화가 보여주는 정도의 무시무시한 항공기는 아닌 것으로 서방 국가들에게 평가되었다. MIG-25보다 조금 빠른 시기에 미국은 SR-71 정찰기를 개발하여 운용했다. SR-71은 최고속도가 마하 3.2 이상이며 고도 26km까지 상승 가능하며 임무 거리는 5,555km에 달했다. 또한 레이더에 쉽게 탐지되지 않는 제한된 스텔스 능력도 보유하고 있었다. SR-71 개발에는 1960년 소련 영공에서 지상요격 미사일에 의한 U-2 정찰기 격추 사건이 영향을 미쳤으며, 1998년 운영의 효율성 문제로 퇴역할 때까지 미국의 항공우주공학 및 군사정찰분야에서 우위의 상징으로 존재했었다. 이러한 기술경쟁 우위를 확보하기 위한 양국의 노력 중점은 항공기의 속도와 고도의 절대적 우수성 경쟁에 있었으나 점차 상대 위협에 최적의 대응방안을 모색하는 쪽으로 변화되어 갔다.

냉전 시대 미소 양국의 전술 및 전략적 우위 확보를 위한 간첩활동은 한마디로 공공연하게 진행되었다. 대표적인 사건들로 미 육군 신호군단 공학연구소에 근무하던 로젠버그가 1951년 소련에 원자탄 비밀을 제공하면서 국가적인 논란거리가 되었다. 1962년에는 소련 군사정보부 소속 펜코프스키 대령이 소련의 미사일 능력과 전략계획을 미국과 영국에 전달하였고, 미 해군 장교인 워커가 1967년부터 1985년 사이 18년 동안 미 해군의 암호 및 통신체계 비밀을 소련에 판매하였으며, 심지어 1981년에는 프랑스 정보부가 미 CIA와 협력하여 서구의 거짓 기술정보를 제공함으로써 소련의 국력 낭비를 유도한 사건도 있었다. 그로부터 50~70년이 지난 지금도 간첩요원들은 각국에서 활동하고 있지만 당시와 달리 가상공간 침투를 통한 간첩활동이 더욱 활성화되어 있다. 가상공간에서 미국과 러시아의 간첩활동은 국가라는 영역에 구애받지 않으며 한국도 그 영향권 안에 있다. 국가는 국가이익이란 명분이 있으면 타국에 대해 넘지 말아야 할 선도 쉽게 넘을 수 있다는 것을 영화는 말해주고 있으며, 그것으로 인한 정치적, 물리적 충돌을 방지하기 위해서는 간첩행위를 철저히 예방, 탐지, 방어하는 것 이외는 특별한 방법이 없어 보인다.

13장

영웅의 탄생

탑건(Top Gun)

개봉 : 1986년
감독 : Tony Scott
주연 : Tom Cruise
배급 : Paramount
Pictures(미)

탑건 학교에 입과한 매버릭과 아이스맨은 1등을 다툰다. A-4 항공기를 표적기로 공중전을 하던 중 아이스맨의 요격이 지연되자 매버릭은 아이스맨을 비키게 하고 자신이 기동을 시작한다. 그러나 아이스맨의 후류에 엔진이 꺼지고 항공기는 플랫스핀에 들어가 조종불능 상태가 된다. 매버릭과 후방석 구스는 비상 탈출하지만 구스는 캐노피에 부딪혀 사망한다. 매버릭은 사고에 심한 죄책감을 느끼게 되고 부대장이자 아버지의 전우였던 바이퍼는 그를 격려한다. 영공에 미그기가 출현하자 아이스맨과 할리우드가 출격한다. 공중전 과정에서 할리우드가 격추되자 대기하던 매버릭도 출격하게 되는데…….

탑건 : 매버릭(Top Gun : Maverick)

개봉 : 2022년
감독 : Joseph Kosinski
주연 : Tom Cruise
배급 : Paramount
        Pictures(미)

매버릭은 다시 탑건 학교의 교관으로 소환된다. 미 정부는 해군에게 적의 고농축 우라늄 생산 벙커시설 공격임무를 부여한다. 적지는 SAM과 GPS 재머, Su-57 항공기 등으로 보호되고 있다. 매버릭은 해당 임무성공을 위해 조종사들의 저고도 침투비행을 교육하고 조종사 중 사망한 구스의 아들 루스터와 어색한 관계를 유지한다. 루스터는 매버릭이 자신의 해군사관학교 입교를 막은 데 대한 유감이 있었다. 마침내 매버릭은 루스터를 포함한 3명의 편대원과 함께 임무출격을 한다. 편대는 벙커공격 임무에 성공하지만 매버릭은 루스터가 미사일에 피격될 위기에 놓이자 자신이 피격되어 그를 보호하는데…….

영화 「탑건」은 냉전의 막바지 미국이 우세한 항공모함 전투세력을 통해 미소의 물리적 충돌이 발생하더라도 확실한 공중우세 확보가 가능하다는 점을 대외적으로 홍보하고 있다. '탑건' 조종사라는 공중전 영웅의 탄생 과정을 통해 다양한 내용 전개는 물론 미국 항공기와 전투요원의 기술적 우수성을 과시하고 있는 것이다. 한편 영화에서 주인공 '매버릭'은 과감하다 못해 무모한 공중 전투기동을 하여 동료인 구스가 사망하는 사건이 발생한다. 독자나 관객의 입장에서 매버릭이 무슨 전투기동을 했는데 사망사건이 발생할 수 있을까 의문을 가질 수 있을 것이다. 그렇다면 사망사건을 단계

하늘 영화로 하늘을 보다

별로 한번 살펴보겠다.

먼저 매버릭이 아이스맨 항공기의 엔진 후류를 고려하지 않고 표적기를 향해 급하게 공격을 시도한다. 필자가 F-14 항공기의 후류에 의해 F-14 항공기 엔진이 꺼진 사례를 공식적으로 확인하지는 못하였다. 다만 1995년 카나다 에어쇼 도중 보잉 747의 후류에 F-14 항공기가 엔진이 꺼져 공중 재시동 후에 착륙한 사례가 있었다. 이를 통해서 후류가 매우 강하거나 항공기의 급격한 기동 중에는 F-14 엔진이 후류에 꺼질 수 있음은 분명해 보인다. 필자도 전투기로 기동 중에 후류에 진입한 적이 가끔 있다. 엔진이 꺼지는 상황까지는 겪어보지 못했지만 큰 기체진동과 함께 조종이 몇 초간 어려운 상태를 경험한 바 있다.

영화에서는 항공기 두 엔진이 꺼지고 곧바로 '수평 스핀(Flat Spin)'에 진입하였다. 스핀은 두 종류가 있는데 '악화된 스핀(Developed Spin)', '수평 스핀(Flat Spin)'이다. '악화된 스핀'은 항공기의 3축 움직임이 동시에 나타나면서(기수가 올랐다 내렸다 하고 기체가 프로펠러처럼 회전하는 동시에 멀리 튕겨 나가려는 상태) 나선 형태로 강하하는 것을 말하며 '수평 스핀'보다는 회복하기가 쉽다. '수평 스핀'의 경우 통상 '악화된 스핀'을 거쳐 이루어지며 항공기가 수평 상태로 천천히 큰 원을 그리며 회전하는 상태로 급격히 고도가 떨어진다. 모든 상황에서 똑같지는 않지만 '수평 스핀'의 경우 한 바퀴 돌 때마다 0.6~0.9km 정도 고도가 떨어진다. 스핀 전후 상황에서 중요한 것은 엔진이 꺼졌는지 여부를 확인하는 것이다. 만약 꺼졌다면 정상적인 회복과 귀환을 위해서는 공중 재시동이 필요하다. 스핀 상황에서 엔진이 꺼지지 않았다면 추력을 최소로 줄여야 스핀을 회복하는 데 도움이 된다.

두 스핀의 회복절차는 대동소이하나 매버릭이 처한 '수평 스핀'의 경우 조종간을 중립위치에 둔 다음 회전하고 있는 방향 반대쪽으로 방향타(Rudder)를 발로 차서 Yaw에 의한 회전을 멈추게 해야 한다. 회전이 멈추면 기수를 눌러 속도를 충분히 증속시킨 다음 서서히 끌어 올리면 된다. 하지만 이게 말처럼 쉬운 것이 아니다. 통상 스핀이 발생하면 한쪽으로 강한 쏠림 현상이 발생하고 +G와 − G가 동시에 걸리며 조종간이 헐렁해지면서 조종사가 옴짝달싹할 수 없는 상황이 펼쳐진다. 스핀 회복도 충분히 조치할 고도가 있다는 전제하에서만 가능한 것이다. 통상 고도 3km 이하에서 스핀이 회복되지 않으면 비상 탈출을 해야 한다.

필자가 전투기로는 스핀을 경험해 보지 못했지만 훈련기로 스핀 회복훈련을 해보았다. 스핀 회복훈련은 만반의 준비를 한 상태에서 충분한 고도를 확보하고 숙련된 조종사의 감독하에서만 가능하다. 조종사는 스핀 직전 단계만 되어도 항공기의 조종력 상실감이 확 느껴지며 항공기 회전과 아래위 움직임이 급격해진다. 살짝 공포감이 몰려오며 눈이 고도계로 가는데 바늘이 얼마나 힘차게 돌아가며 고도가 강하되는지 순간적으로 멍해지기도 한다. 회복조작을 통해 겨우 항공기 회전이 멈추고 항공기 기수를 낮추어 증속을 하고 있으면 땅이 급격히 다가오는 느낌을 받는다. 충분히 증속될 때까지 참지 못하고 기수를 끌어 올리면 쉽게 2차 스핀에 진입한다.

다음으로 영화에서 매버릭이 스핀 상태에서 자신의 몸을 제대로 가누지 못하자 구스에게 '비상 탈출'을 시도하라고 소리친다. 두 사람이 타는 비행기에서는 통상 후방석에서 비상 탈출을 시도하면 전방석도 자동적으로 비상 탈출이 되는 시스템을 채택하고 있다. 매버릭 입장에서 분명히 머리 위에 있는 페이스 커튼 비상 탈출 장치가 있는데 잘 잡히지도 않으면서 잘 보이지도 않았을 것이다. 필자가 타던 전투기는 그런 상황에 대비해서 비상 탈출 레버가 양다리 사이 좌석에도 하나 더 있었다.

마지막으로 영화에서 후방석 조종사 구스가 비상 탈출을 시도하였지만 캐노피에 부딪혀 사망한다. 정상적인 사출계통의 작동과정을 설명드리면 캐노피가 완전히 기체에서 분리된 다음 후방석 조종사는 조종석 의자와 함께 사출되고, 조종사는 다시 몇 초 시간이 지나고 나서 조종석 의자와 분리되면서 낙하산이 펴지게 된다. 아마도 영화는 원하는 내용 전개를 위해서 실제 일어나기 힘든 상황을 연출한 것으로 보인다.

「탑건」 영화가 개봉된 이후 한국 국민들은 '탑건'이라는 이미지를 비교적 잘 이해하게 되었고, 한국 공군은 군내 '최우수 사격 조종사'를 '탑건'이라는 명칭으로 국민들에게 홍보하기 시작했다. 공군의 관행은 수십 년간 지속되었고 공군과 한국 사회는 이것에 대해 익숙해지게 되었다. 반면 필자는 비행대대장을 하던 시절부터 국민들에게 조금은 다른 말씀을 드리고 싶었다. 어떤 시대에나 영웅은 필요하지만 공군의 탑건에 대한 대외적 홍보 필요성과 한국 국민들의 인식에 대해 한 번쯤 다른 각도에서 생각해 볼 필요가 있다는 것이었다. 탑건은 현실적으로 공군 전투 조종사에서 나오고 그중에서도 매년 1명이다. 유사시 전쟁임무를 수행하는 데 있어 전투 조종사만 중요한 것이 아니다. 물론 공군에서 매년 사격대회를 통해 전투기가 아닌 지원기도 우수 조종사를 뽑고 포상을 하고 있는 것을 모르는 바가 아니다. 하지만 1등에 관심이 집중되면 다른 사람들은 상대적으로 소외되는 현상도 발생하기 마련이다. 공군 조종사는 모두가 '탑건'과 같은 존재가 되기 위해 노력해야 하고 국민들은 공군 조종사 모두를 '탑건'으로 인식해 주면 좋겠다는 것이 개인적인 바람이었다. 공군의 탑건 대외홍보가 오랜 시간 지속되면서 필자의 바람은 어쩌면 무산되었다고 볼 수 있다. 필자가 현역으로 재직하던 오래전에는 '탑건'을 자신 부대에서 내기 위해 사격대회에 참가하는 일부 조종사들에게만 사격임무 훈련이 집중되는 경우도 있었다. 유사시 국가의 안보를 위해 전체가 통합되고 강력한 힘을 발휘하는 것이 중요하며 몇 명이 잘하는 것이 중요한 것은 아닐 것이다. 바꾸어 말하자면 영화 「탑건」이 지향했던 미소 냉전에서 미국의 우월성을 나타내는 상징의 '탑건'이 아닌 단결된 한국 군대에 걸맞은 '탑건'의 모습이 공군과 국민들의 마음에 남아 있기를 바란다는 것이다.

영화 「탑건 : 매버릭」은 주인공 매버릭의 30년 후 모습을 담고 있다. 소련은 해체되었지만 핵을 개발하여 인류의 평화와 안정을 위

하늘 영화로 하늘을 보다

협하는 세력들이 암암리에 생겨난 것이다. 영화가 구체적으로 특정 국가를 명시하지 않았지만 이란, 북한 등의 우라늄 재처리 시설을 공격하는 상황을 염두에 두고 있는 것으로 보인다. 전편의 영화에서 공중전이 눈길을 끌었다면 「탑건 : 매버릭」은 표적공격 임무를 성공하기 위한 저고도 침투 및 팝업공격 그리고 임무 후 지상 및 공중 위협에 맞서는 종합 선물세트와 같은 다양한 장면을 보여준다. 영화에서 저고도 침투장면은 관객에게 박진감을 느끼게 하는데, 저고도에서 고속으로 비행하면 지형이라는 상대적인 대상이 있는 관계로 조종사나 제3자의 입장에서 빠른 속도감이 발생하기 때문이다. 저고도 침투는 어려운 임무로 지상에 충돌할 가능성이 있으며 실전에서는 침투경로상에 요격을 들어오는 적기나 지상화기의 발사 가능성에도 항상 대비를 해야 한다. 필자도 젊은 조종사 시절 수많은 저고도 침투훈련을 했었다. 저고도 침투는 항법장비에만 의존하는 것이 아니라 육안으로 침투지점을 잘 확인해야만 항법장비가 고장 나거나 적의 위협에 의해 침투과정이 흐트러져도 신속히 경로를 수정하여 임무완수를 할 수 있다. 또한 저고도로 낮게 비행해야만 적 레이더에 탐지될 가능성도 낮아지는 것이다. 이러한 저고도 침투비행으로 인해 필자는 젊은 시절 상관에게 불려가 혼이 난 적도 있었다. 돼지를 키우는 농가에서 민원이 들어왔는데 새끼를 밴 돼지가 비행기 소리에 놀라 유산을 했다는 것이다. 필자가 저고도 침투비행 중 경로에서 살짝 벗어났는데 돼지 축사 위로 비행을 한 것으로 추정되었다. 이런 일들이 있었던 후부터 저고도 침투경로 선정에 있어서 민가와 관련되는 시설에 대해서 좀 더 꼼꼼히 살피게 되었고 훈련 침투고도도 상향 조정하게 되었다.

영화에서 주인공은 표적을 공격하기 위해 저고도에서 솟구쳐 오르는 팝업(Pop-Up) 조작을 한다. 솟구쳐 올라 폭탄을 투하할 수 있는 상황을 만들려면 항공기를 배면으로 뒤집어서 G를 주어 기수를 끌어 내려야 한다. 그다음 횡전을 시켜 수평강하 자세를 만들고 항공기 경로를 표적과 일치시켜야 한다. F-18의 경우 AN/AAQ-28(V) LITENING 표적획득 장비를 장착하였으며, 전자광학 및 적외선 센서를 통해 조종석 디스플레이에 표적정보가 시현되게 된다. 조종사는 시현된 표적정보가 정확하면 레이저를 조사하여 최종 표적을 Lock-on을 한 뒤 폭탄을 투하한다. Lock-on을 한 경우 조종사가 기수를 끌어 올리거나 회피기동을 하더라도 레이저 유도 폭탄은 표적을 향해 유도되어 간다. 그런데 영화처럼 이렇게 임무가 원활하게 진행되면 얼마나 좋을까! 필자는 2명의 조종사가 탑승하는 전투기를 비행하였고 후방석 조종사는 표적에 대한 레이저 조사 및 Lock-on 임무만을 수행하는 업무분담 체계이다. 그런데도 표적 공격 임무를 팝업 패턴으로 해보면 임무에 실패하는 경우가 발생한다. 매버릭이 짧은 시간 동안 어려운 기동과 함께 레이저 폭탄을 스스로 투하하는 것은 매우 힘들다는 것을 알 수 있다. 또한 공격 후 급상승하니 지상 레이더에 곧바로 노출되고 피할 틈도 없이 미사일에 격추되게 된다.

영화는 전편 「탑건」에서 30년이 지난 시점이다. 현재는 항공기의 스텔스 능력 발달로 웬만한 국가의 방공망에는 탐지되지 않고 침투가 가능하며 표적공격 장비가 고도로 발달되어 7.5km 상공에서 레이저 폭탄을 투하해도 거의 오차가 발생하지 않는다. 야간이

나 날씨가 나빠 표적이 잘 보이지 않아도 적외선으로 탐지가 가능할 뿐만 아니라 표적좌표에 의한 공격도 매우 정확하다. 따라서 중고도나 고고도 침투를 할 경우 대공포에 의한 위험은 현저히 줄어들며, 지대공 미사일이 발사되더라도 회피할 수 있는 시간적, 공간적 여유마저도 가지게 된다. 이런 점들을 종합해 볼 때 영화에서 보여주는 저고도 침투 자체의 가치가 없다는 것이 아니라 필자가 지금의 지휘관이라면 공격편대의 중고도 혹은 고고도 침투를 명령했을 것이라는 것이다.

걸프 · 아프간 · 이라크전

미소 양국에 감돌던 냉전의 기운은 소련의 해체와 함께 중동에서 열전으로 타오르게 된다. 중동에서 맹주를 자처하던 사담 후세인은 쿠웨이트를 침공하였고, 미국은 쿠웨이트를 해방시키기 위해 걸프전을 벌인다. 이로부터 10년이 지난 시점 미국은 건국 이후 처음으로 본토가 외국의 테러세력에 의해 공격받는 사태를 맞이하자 그 배후를 발본색원하기 위해 아프간전을 수행하게 된다. 곧이어 이라크의 대량살상무기 개발 의혹과 국민들의 자유를 억압하는 상황이 발생하자 사담 후세인 정권을 교체하기로 결정하고 이라크 전쟁을 시작한다.

중동에서 발생한 3개의 전쟁은 미국과 이라크, 미국과 아프간의 대결이었다. 따라서 전쟁의 성격을 특정한 단어로 규정하는 것보다 양측의 전쟁에 대한 인식을 살펴보는 것이 그 의미를 더 잘 이해할 수 있을 것으로 본다. 걸프전에 대해 미국은 이라크의 쿠웨이트 침공을 격퇴함으로써 쿠웨이트를 해방시킴과 동시에 사우디아라비아 침공을 미연에 방지하고자 하였다. 반면 이라크를 포함한 중동국가들은 미국이 제국주의 본성을 드러내고 중동 지역 문제를 자신들의 이해에 맞도록 해결하려 한다고 생각하였다. 아프간전에 대해 미국은 9.11 테러를 주도한 알카에다 세력의 은신처를 제거함과 동시에 아프간의 자유를 억압하는 탈레반 정부를 제거하고자 했다. 반면 아프간과 중동국가들은 서양 국가들의 이슬람 국가들에 대한 탄압으로 인식했다. 이라크전은 미국이 사담 후세인이 대량살상무기를 개발하고 있으며 지역의 안정을 해칠 것이라는 판단에서 시작되었다. 동시에 사담 후세인 정권의 교체를 통해 이라크 국민들이 진정한 자유를 누릴 수 있기를 기대하였다. 후일 이라크의 대량살상무기 개발의 의혹은 사실이 아닌 것으로 드러나 미국의 위상에 많은 손상을 가져왔다. 반면 이라크와 중동국가들은 미국이 해당 지역에서 전쟁을 통해 지배력을 강화하려는 것으로 판단했다.

· 14장 ·

사막의 폭풍

Live from Baghdad

개봉 : 2002년
감독 : Mick Jason
주연 : Michael Keaton
배급 : HBO(미)

1990년 8월 2일 이라크군은 쿠웨이트를 침공하였고 CNN의 위너 기자는 이를 취재하기 위해 8월 23일 이라크 수도 바그다드에 도착한다. 그는 이라크 정보장관 하다티를 만나 후세인의 인터뷰를 요청하고 친한 관계가 된다. 위너는 10월 29일 대통령궁에서 후세인과 인터뷰를 갖게 되는데 후세인은 이라크의 쿠웨이트 철군은 미국이 하와이에서 물러나는 것과 같다고 말한다. 유엔은 1991년 1월 15일까지 이라크의 철군을 명령하고 그렇지 않은 경우 군사조치에 임할 것임을 통보한다. 1월 15일 되자 미국과 외국 뉴스 매체 관계자들은 바그다드를 떠나지만 위너와 일부 동료들은 바그다드에 남기로 결정한다. 1월 17일 새벽 3시경 F-117의 바그다드에 공습이 시작되고 이라크군의 방공포가 불을 뿜기 시작한다. CNN은 전쟁 개시의 순간 방송을 시작하며 새벽 5시경 이라크군에 의해 방송을 제지당했다. 위너는 1월 23일 미국으로 귀국하였다.

론 서바이버(Lone Survivor)

개봉 : 2013년
감독 : Peter Berg
주연 : Mark Wahlberg
배급 : Universal
　　　Pictures(미)

미 해군특전팀에 탈레반 지역지도자 샤를 체포하라는 명령이 하달된다. 4명의 특전팀은 야간에 헬기를 타고 침투하는데 산악지형으로 인해 본부와 교신이 잘되지 않는다. 특전팀은 잠복중에 탈레반에 동조하는 마을 사람들에게 발각되고 살려줄 것인지 아니면 살해할 것인지 팀원 간에 설전이 벌어진다. 팀장 머피 중위는 이들을 놓아주게 되고 이때부터 탈레반과 교전이 시작된다. 아파치 엄호 없이 두 대의 시누크 헬기가 구조대로 도착하지만 탈레반 RPG에 의해 1대는 격추되고 1대는 퇴각한다. 주인공 러트렐을 제외한 팀원들은 모두 사망하고 러트렐은 계곡을 헤매다 마을 주민에게 발각된다. 마을 주민들은 러트렐을 마을로 데려가 치료를 해주지만 탈레반이 나타나 이들 간에 교전이 발생하고……

　　영화「Live from Baghdad」는 전쟁이라는 극한의 상황에서도 진실을 전달하려는 미국 CNN의 위너를 중심으로 한 언론인들의 용기와 사명감을 잘 보여주고 있다. 영화의 클라이맥스는 1991년 1월 17일 새벽 3시 바그다드의 전쟁개시 현장을 실시간으로 미국을 포함한 전 세계인들에게 중계하는 순간이다. 이를 통해 CNN이 언론의 기존 전쟁보도 방식으로부터 새로운 지평을 열었다는 평가를 이끌어 낸다. 반면 필자는 영화가 화면을 통해 보여주는 새벽의 바그다드라는 공간에 주목하였다. 바그다드시 서쪽 지역에 섬광이 번쩍하고 폭발음이 들린다. 이라크 방공포병의 포탄이 하늘을 향해 흰색 줄을 지어 날아간다. 우리의 눈이 볼 수 없는 그곳에 미군의 F-117 전투기가 있었으며, 이라크군은 보이지 않는 적을 향해 포탄을 날리고 있는 것이다. 이런바 스텔스 전투기의 항공전 시대가 개막된 것이다.

F-117 항공기는 냉전이 치열하던 시기에 '하비 프로젝트'라는 이름으로 비밀리에 개발되었으며 1988년 일반인에게 공개되었다. 실전에 최초 투입된 것은 1989년 파나마 'Just Cause' 작전이었으나 본격적인 역할 및 임무를 수행한 것은 1991년 걸프전이었다. 당시까지 개발된 스텔스 기법이 F-117에 대부분 적용되었는데 레이더 신호 반사를 최소화하기 위한 각진 외형 설계, 합성물질을 첨가한 항공기 프레임 제작, 레이더파 흡수 도료 코팅, 열적외선 발생 최소화 엔진 설계, 레이더 신호 반사 및 적외선 송출 최소화를 위한 항공기 내부 무장탑재 등을 들 수 있다. F-117은 걸프전뿐만 아니라 코소보 및 이라크전에도 활약하였으며 2009년을 끝으로 퇴역하였다.

F-117이 스텔스 항공전 시대를 개막했지만 많은 의문점도 동시에 제기되었다. 1999년 나토군의 유고슬라비아 공습에서 F-117이 세르비아의 구형 SA-3 지대공 미사일에 격추된 것이다. 미국을 비롯한 서방 국가들은 스텔스가 마법의 망토가 아님을 인식하게 되었고, 러시아는 이런 사례에서 기술적 교훈을 도출하여 공식적으로 확인되지 않았지만 F-22와 F-35까지 탐지해 낼 수 있는 레이더 개발의 완성 단계에 있다고 추정되고 있다. 한국도 우리의 환경

과 역량에 맞는 미래 스텔스 개념을 연구하여 구현할 필요가 있다. 미래 발전적 스텔스 개념으로는 첫째, 전자파를 완전 기만할 수 있는 물질이나 도료 생산, 둘째, 적 레이더 신호 교란 전자파 발생 장치 개발. 셋째, 항공기 센서를 통한 적 레이더 정보의 실시간 분석, 적의 전술파악, 최적의 대응방안 제시가 동시에 가능한 AI 시스템을 항공기에 장착, 넷째, 기존의 적 레이더 신호 교란이나 우군 항공기 적외선 최소화와 함께 우군 항공기 소음 청취 및 육안 확인 등도 어렵게 하는 다차원적 스텔스 추구, 다섯째, 무인기 활용을 통한 스텔스 역량 확대(무인기는 극초음속 비행 및 항공기의 구조적 제한을 극복하는 데 유리), 여섯째, 고에너지 레이저나 전자파를 조사하여 적의 레이더 탐지를 사전에 무력화시키는 방안도 스텔스 방안의 일부로서 개발할 수 있을 것이다. 참고로 미 공군은 2023년부터 향후 5년간 AI 무인기 사업에 약 80조 원의 예산을 할당할 예정이며, 같은 기간 최소 1,000대의 AI 무인전투기를 도입하는 것으로 목표를 설정하였다. 즉, AI와 무인기라는 두 요소를 복합하여 미래 스텔스 개념을 구현하려는 것이다.

영화 「론 서바이버」는 미 해군특전팀의 실제 이야기를 화면으로 옮겼으며 아프간이라는 산악의 전투에서 특전요원과 헬기가 어떤 협력작전을 펼치는지 잘 보여준다. 특전팀은 안전하게 침투하고 성공적으로 임무를 달성한 뒤 안전하게 부대로 귀환하는 3단계로 작전과정을 구분한다. 본 영화도 통상 다른 전쟁이나 재난 영화처럼 예기치 않았던 사소한 상황이 발생하면서 비극적인 결과를 낳게 된다. 야간 침투 단계는 비교적 순조롭고 성공적이었다. 이때 특전팀은 야간투시경(NVG : Night Vision Goggle)을 이용하여 지형을 정찰하고 사주경계를 한다. 특전팀을 침투시킨 헬기 조종사도 야간투시경을 장착하고 있으며 필요시 이를 활용한다.

　필자는 공중에서 북한의 AN-2 항공기가 모든 외부 등을 끄고 침투하는 경우에 이를 요격하기 위한 방편으로 야간투시경을 착용한 시험비행을 해보았다. 지상에서는 기지 방호 및 지원을 위한 전대장으로서 야간투시경을 사용해 본 경험이 있다. 야간투시경은 기본적으로 물상렌즈를 통해 움직이거나 고정된 물체의 이미지를 받아들인다. 그러면 이미지 강화 튜브에서 달빛이나 별빛 등 광원을 강화하여 투사함으로써 물체가 좀 더 선명하게 보이도록 한다. 이렇게 처리된 정보는 조종사의 눈 앞 렌즈에 적절한 밝기의 형상으로 맺히게 된다. 기본원리는 같지만 조종사의 야간투시경 시스템과 지상 야간투시경의 경우 제작단계에서부터 고려요소가 다르며 활용 시에도 이에 따른 유의 사항이 발생한다. 항공 야간투시경은 항공기의 낮은 기압, 항공기가 움직일 때 발생하는 G 항력, 온도변화, 항공기 진동, 항공기 내부의 조명 등을 모두 고려해야 한다. 지상의 야간투시경인 경우 임무와 환경이 중요한 고려사항이다. 사용자가 어떤 임무(보병, 특전 등)를 수행하는지가 중요하며 해상, 사막, 정글, 산악 등의 임무환경을 고려한다. 필자는 설레는 마음 반 걱정되는 마음 반으로 공중 야간투시경 임무를 해보았는데 이 또한 쉽지 않았다. 지속되지는 않지만 순간순간 특이현상이 발생하는 것이었다. 장비를 장착하고 한 곳을 응시하다 보면 사방이 갑자기 확 밝아지려다 안정되고 특정 물체 뒤에 후광이 남아 있기도 한다. 집중해서 보고 있으니 눈이 피로해지고 시야가 좁아지는 느낌을 받는다. 이로 인해 조종석 내 다른 계기들 점검이 소홀해지면서 비행 안전에도 긍정적이질 못하다.

　가장 도전적인 부분은 기동을 하면서 발생한다. 야간투시경 자체가 광학장비인 관계로 자동차 백미러와 같은 현상이 발생하는 것이다. 즉, 물체와 거리감이 실제와 차이가 난다. 그러다 보니 야간에 비행기가 잘 보이지 않다가 가까이 근접해야 겨우 보이는데 그것마저도 근접되는 순간 거리감과 접근율 판단이 어려워지는 것이다. 설상가상으로 비행착각도 쉽게 수반되어 순간적으로 긴장이 고조된다. 야간투시경을 착용하고 비행한 뒤 받은 느낌은 치밀한 연구와 지속적인 훈련만이 이러한 어려움을 극복할 수 있겠다는 것이었다. 조종사들은 야간투시경이라는 말보다는 '엔비지'라고 통상 호칭한다. 비행 후 동료에게 한 마디 이렇게 건넸다. "야! 이거 '엔비지'가 아니라 '안 보이지'인데!"

　특전팀은 매복 중에 염소 떼를 몰고 온 파슈툰 부족에 발각되면서 팀 내부에 갈등상황이 발생한다. 팀원들의 안전을 위해 이들을 전부 살해할 것인지 아니면 전쟁범죄가 성립되지 않도록 돌려보낼 것인지 의견이 충돌한다. 결국 그들을 자유롭게 놓아주는 결정을 내리지만 탈레반에게 신고하는 안타까운 결과로 이어지게 된다. 주인공 러트렐은 탈레반과 교전에서 혼자 생존하며 산속을 헤매다가 파슈툰 부족에게 이끌려 마을로 간 뒤 치료를 받는다. 주민들 간에도 주인공을 치료해 주는 것에 대한 이견이 발생하고 그 갈등은 탈레반과 주민들 간의 총격전으로 이어진다. 그런데 파슈툰 부족은 왜 주인공을 치료해 주고 심지어 탈레반과 총격전까지 벌인 것일까? 파슈툰 부족의 전통적 윤리규범인 '파슈툰왈리(Pashtunwali)'에 따른 것으로 보여진다. '파슈툰왈리'는 아프간과 파키스탄 지역에 걸쳐 살고 있는 파슈툰 부족의 정체성이자 문화이기도 하다. 주인공에게는 '파슈툰왈리' 중에서도 '나나와티(Nanawatai)'를 적용한 상황으로 보인다. '나나와티'는 설사 적이라 할지라도 피난처를 찾고 있는 이에게는 피난처를 제공해야 한다는 원칙이며, 이러한 원칙을 준수하는 것이 명예를 지키는 것이라고 파슈툰은 믿고 있다. 이런 배경으로 인해 주인공은 구사일생으로 살아날 수 있었던 것이다. 그런데 여기서 한 가지 더 생각할 부분이 있다. 미군이 아프간에서 전쟁을 벌이고 있는 근본적인 이유는 9.11 테러를 주도한 '오사마 빈 라덴'을 찾아내기 위해서였다. 그런데 탈레반이 '오사마 빈 라덴'을 보호하고 있는 이유도 사실상 '나나와티'의 연장선에 있다는 것이다. 영화 주인공은 '나나와티'로 인해 살았지만 미국은 '나나와티'로 인해 고통을 받고 있는 것이다. 이를 통해 볼 때 국가와 국민의 시각은 차이가 있을 수 있으며 특정 가치는 보는 시각에 따라 전혀 다르게 작동될 수 있다는 것이다. 필자가 어떤 사회에서나 공존을 위해 필요한 것은 다름을 인정하고 상대의 입장에서 주장을 이해하려는 노력이 필요하다고 항상 강조 드리는 이유이다.

영화의 마지막 부분 주인공과 파슈툰 부족이 탈레반에 의해 절체절명의 위기의 순간을 맞이했을 때 미군 아파치 헬기가 '짠' 하고 나타난다. 아파치가 탈레반을 공격하는 장면은 헬기 조종석 멀티 디스플레이를 통해 시현되어 그 긴박감을 더해준다. 주간에 공격하고 있지만 디스플레이 좌측에 FLIR(Forward Looking Infrared)이라는 글자가 선명히 보인다. FLIR는 주로 야간에 사람이나 물체의 온도를 감지하여 공격할 수 있는 적외선 장비이다. 요즘 아파치 헬기는 앞에서 언급한 조종사가 야간투시경을 통해 육안 확인되는 상황도 멀티 디스플레이에 FLIR와 같이 시현되는데, 조종사가 상황에 따라 야간투시경을 통한 공격 혹은 적외선 감지를 통한 공격 등을 다양하게 선택, 구사할 수 있음을 의미한다.

• 15장 •

수벌의 공격

드론전쟁 : 굿킬(Good Kill)

개봉 : 2014년
감독 : Andrew Niccol
주연 : Ethan Hawke
배급 : IFC Films(미)

전직 F-16 조종사였던 이건 소령은 MQ-9 리퍼 무인기 조종사로 근무하고 있다. 그의 임무는 아프간에 있는 테러리스트 조직, 차량, 시설물 등을 공격하는 것이다. 점차 그의 업무 스트레스는 쌓이고 술을 마시는 횟수와 시간이 늘어간다. 그의 뛰어난 능력으로 인해 CIA 통제관은 그를 예멘과 소말리아 표적공격에도 활용한다. 스트레스로 인해 이건은 집에서도 난폭한 모습을 보이고 부인은 자녀들과 함께 그를 떠나게 된다. 어느 날 이건은 CIA 통제관의 공격명령을 무시하게 되고 공격임무에서 배제되어 탐색임무만을 수행하게 된다. 이건은 탐색임무 수행 중 이전에 한 여성에게 수차례 성폭행을 시도했던 남자가 여성의 집으로 접근하는 것을 보게 되는데…….

허트 로커(Hurt Locker)

개봉 : 2008년
감독 : Kathryn Bigelow
주연 : Jeremy Renner
배급 : Summit
　　　 Entertainment(미)

주인공 제임스 하사는 미 육군 폭발물처리 B팀으로 이라크에 부임한다. 그는 작전절차와 주변의 조언에도 불구하고 자신의 방식을 고집한다. 시내에서 연료탱크 폭발사건이 발생하자 제임스는 주변에 있을지도 모를 범인을 찾기 위해 나선다. 엘드리지를 포함한 부대원들이 작전을 만류하지만 제임스를 막을 수 없다. 이 상황에서 엘드리지는 반군에게 체포되고 제임스와 부대원은 엘드리지를 구해내지만 그는 총상을 입게 된다. 그다음 날 아침 제임스는 총상을 입고 후송되는 엘드리지를 만나게 되고 그는 제임스를 원망한다. 또다시 부대원들에게 자살폭탄 테러 대응을 위한 출동명령이 하달된다. 하지만 민간인의 자살폭탄은 자의가 아니라 강요된 상태였는데…….

　영화 「드론전쟁 : 굿킬(Good Kill)」은 아프간 및 이라크전에서 정찰 및 탐색 그리고 공격임무에 매우 중요한 자산으로 등장한 드론과 드론 조종사에 관한 이야기이다. 드론(Drone)이라는 말은 원래 수벌을 의미한다. 항공분야에서 드론이 비행물체라는 의미로 쓰이기 시작한 것은 1930년대 영국해군이 대공포 훈련용 표적으로 여왕벌(Queen Bees)이라는 무인 소형 항공기를 사용하면서부터이다. 이 훈련용 표적이 비행할 때 발생하는 소리가 사람들에게 수벌이 윙윙거리는 소리처럼 느껴졌다고 한다. 제2차 세계대전을 전후해서 드론이라는 용어가 널리 쓰이게 되었고 무인 항공기를 표현하는 일반적인 용어가 되었다. 현대에 들어서 군이나 특수임무 분야에 원격이나 자동으로 조종되는 무인 항공기의 의미로 UAV(Unmanned Aerial Vehicle)가 널리 쓰이지만, 드론이란 용어는 여전히 세계인들에게 친숙한 관용어로 쓰여지고 있다.

관객들의 입장에서 영화를 보면서 몇 가지 의문 사항이 있을 수 있다고 본다. 첫째, 왜 F-16 전투기 조종사가 드론을 운영하는 조종사가 되었을까? 필자가 미국의 드론 대대를 처음 방문했을 때가 2008년으로 이라크전이 시작되고 약 5년이 경과한 시점이었다. 아프간과 이라크 전역의 특수성으로 인해 드론의 운영의 필요성은 높아졌으나 여전히 드론 조종사들 운영에 대한 시스템이 완전히 정착되지 못한 과도기였다. 드론 조종사들의 특기분류, 진급과 처우, 교육과정, 드론의 발전계획 등이 확립되지 못하다 보니 여전히 기존 전투기 조종사들 일부가 대대에 배속되어 전반적인 드론 운영 및 교육에 참여하고 있었다. 드론 조종사 교육을 위해 대대에 배속되었던 전투기 조종사가 자신의 특기를 포기하고 드론 조종사가 되기로 결심한 사람도 다수 있었다.

둘째, 왜 드론 조종사의 스트레스가 심할까? 일반인의 입장에서 전투기 조종사들이 실전환경에서 자신의 생명에 대한 위협을 심각하게 느끼는 반면 드론 조종사는 그런 것이 없지 않으냐고 반문할 수 있다. 물론 드론 조종사는 신체적 위협이 없는 안전한 상태에서 작전을 한다. 하지만 이러한 점들을 생각해 볼 필요가 있다. 표적이 되는 먼 곳의 개인이나 그룹은 나를 모른다. 하지만 나는 그들이 누구인지를 잘 알고 있다. 나의 스위치 조작 하나로 그들은 갑자기 죽음을 맞이한다. 이런 상황이 반복되면 나의 인간성과 도덕성은 황폐해지기 시작한다. 또한 전투기 조종사와 달리 드론 조종사는 장시간 표적을 감시하고 모니터한다. 아주 지루한 일이지만 어느 순간에는 모든 감각과 판단을 집중해야만 임무를 성공할 수 있기 때문에 스트레스가 장시간 지속되고 누적된다. 또한 기술적으로 숙련되지 않으면 임무에 실패할 수도 있고 엉뚱한 사람의 목숨을 앗아갈 수 있기 때문이다.

필자는 미국에서 근무하던 시기에 한국 정부가 중고도 무인 항공기를 구입하려는 계획을 진행하고 있던 관계로 2010년에만 두 차례 미국 무인기 기지를 방문하였다. 그때 느꼈던 점은 무인기를 운영하는 비행단이 다른 비행단에 비해 너무 많이 외진 곳에 위치하고 부대생활 및 근무여건이 좋지 못한 것이었다. 이런 부분이 좀 더 개선되었다면 영화에서 주인공이 스트레스를 해소하지 못하고 술로 모든 것을 해결하려는 현실과 가족이 부대를 떠나는 상황을 막는 데 도움이 되지 않았을까 생각해 보았다.

영화 「허트 로커(Hurt Locker)」는 이라크에서 저항세력이 설치한 폭발물 처리임무를 수행하는 미 육군 폭발물 처리팀의 위험과 용기를 보여주고 있다. '허트 로커'는 강한 심리적 압박과 이로 인한 스트레스에 시달리고 있는 군인을 표현하는 속어이다. 폭발물 해체는 한순간의 조그만 실수로 인해 자신의 목숨이 사라지는 극한의 스트레스 임무이다. 영화의 제목은 이를 수행하는 주인공의 심리를 가장 잘 묘사하고 있다고 생각된다. 반면 급조된 폭발물은 저항세력의 입장에서는 가장 싸면서도 효율적인 무기이다. 따라서 저항세력은 계속해서 폭발물 설치 및 운영을 시도하며 주인공은 끝없이 이어지는 고통의 환경을 맞이해야 하는 악순환의 고리 속에 위치하는 것이다.

'허트 로커'의 스트레스를 조금이라도 줄이는 방안은 영화 초반에 나오는 것처럼 지상 로봇을 투입하는 것이다. 로봇은 광학 카메라와 센서를 장착하여 폭발물의 현재 상태를 지상요원들에게 신속히 전달해 준다. 지상요원들은 로봇이 전하는 위협정보를 분석하여 조치방안을 강구하게 된다. 필요시 요원 및 주변인들과 안전거리를 유지하면서 폭발물의 폭파를 시도하기도 한다. 폭발물이 사람이 접근하기에는 장소가 협소하거나 유독성 물질의 존재가 의심되는 상황 등에서는 로봇을 유용하게 활용할 수 있다. 하지만 영화에서처럼 충전 시스템에 문제가 발생하거나 지형적 난관에 부딪혔을 때 로봇은 어려움을 겪게 되며, 무선통신 방식으로 조종되다가 보니 통신이 차단되면 무용지물이 되기 쉽다. 지상에서 발생하는 이러한 어려움을 극복하기 위해 미 공군과 육군 폭발물 처리팀은 '탈론(Talon)' 폭발물 처리 드론을 운용하기도 한다. '탈론'은 공중을 통해 신속히 폭발물에 접근할 수 있으며 카메라와 센서를 통해 실시간으로 폭발물 정보를 후방으로 전송한다. 또한 버전에 따라 다르지만 '기계 팔'을 이용해서 폭발물을 들어 옮기기도 하고 필요시 안전거리에서 폭발물을 원격으로 폭파시키기도 한다. 지상 로봇이나 공중 드론이 기술적으로 발전되면서 폭발물 처리에 도움이 되는 것은 확실하나 비용 대비 효과 면에서 많은 어려움이 있는 것도 사실이다.

필자가 공군비행단에서 근무할 때 '폭발물 처리'는 매우 친숙한 사안이며 '폭발물 처리팀'이 출동할 때 조종사가 동행하기도 한다. 한국은 6.25 전쟁 당시 수많은 폭탄이 공중에서 투하되었다. 하지만 이 폭탄들 중에 불발탄이 우리가 생각하는 이상으로 많았다. 동시에 지상에서 전투가 워낙 치열하다 보니 포탄과 폭발물이 흙더미에 파묻혀 찾을 수 없는 상황이 발생하기도 했다. 이런 폭탄이나 폭발물들이 수십 년 세월 동안 자연의 풍파를 겪으면서 조금씩 이동을 하여 강가나 계곡으로 흘러나오는 것이다. 부대에 폭발물이 발견되었다는 신고가 들어오면 '폭발물 처리(EOD : Explosive Ordnance Disposal)'를 위해 영화에서처럼 보호복을 입은 요원과 폭탄 상태를 분석하고 조치할 요원들이 팀을 이루어 출동하게 된다. 폭탄이 오랜 시간이 지나면 부식이 심해져서 이것이 투하된 폭탄인지 사용하지 않은 폭탄인지 식별이 어렵게 된다. 정확한 상태를 판단하기 힘들고 양이 많은 경우 땅을 파서 묻고 폭파를 시키게 된다. 이때 인근 동사무소나 이장과 협조하여 방송을 통해 주민들의 출입을 통제하고 인근 주요 길목을 차단하는데, 방송 탓인지 마을의 꼬마들이 구경을 하러 산속 곳곳에서 나타났다. 이들을 제지하려고 뛰어갔던 기억이 아직도 생생하다.

하늘 영화로 하늘을 보다

아테나는 지혜의 여신이며 올빼미는 지혜의 상징

3부
인간이 아테나의 지혜를 구하다

지혜의 여신 아테나에게 바치는 시

대빗 맥클렌든

"Athena, goddess of wisdom, hear my plea,
Grant me your guidance, let me see
The path to truth and understanding clear,
And banish doubt and confusion near."

우리가 아는 하늘, 우리가 모르는 하늘

항공기가 인간의 일상에 많은 혜택을 제공하고 있지만 항상 테러 위협의 대상이 되고 있다. 미국의 9.11 테러 이후 전 지구적으로 보안이 한층 강화되어 공중테러가 조금 줄어든 경향이 있지만, 테러를 소재로 한 영화는 끊임없이 만들어지고 이에 대한 경각심을 촉구하고 있다.

스위스를 대표하는 치즈 중에는 '에멘탈' 치즈가 있다. '에멘탈'은 숙성 과정에서 무작위로 많은 구멍이 발생하기 때문에 치즈마다 구멍의 수와 위치가 제각각이다. 따라서 여러 장의 슬라이스 치즈를 겹쳐두는 경우 구멍이 가려질 수도 있고 여러 장을 관통하는 구멍이 존재할 수도 있다. 인간이 비행의 안전을 위해 수많은 확인과정을 만들어 두며 한 과정이라도 작동하고 있을 때는 사고가 발생하지 않지만 모든 과정이 동시에 작동하지 않을 때 대형사고로 이어진다. 즉, '스위스 치즈'는 항공분야에서 사고의 인과성을 상징하는 안전용어이다.

인간은 자연을 이해하고 있다고 믿으며 때로는 교만한 자세를 취한다. 자연은 인간을 살게 하고 포용하지만 인간이 잘 알지 못하는 자연만의 규칙이 있으며, 그것을 이해하지 못하면 인간은 재앙을 맞이한다. 하늘은 인간들이 예상하지 못하는 어려운 질문을 계속 던지고 있는 것이다.

하늘 영화로 하늘을 보다

1장

하늘의 무법자

에어 포스 원(Airforce One)

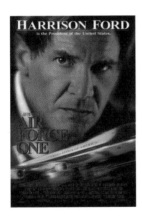

개봉 : 1997년
감독 : Wolfgang Peterson
주연 : Harrison Ford
배급 : Buena Vista
      International

미 대통령은 모스크바에서 개최된 외교 만찬에서 미국은 테러리스트와 절대로 협상하지 않을 것이라고 선언한다. 대통령은 에어 포스 원으로 귀국길에 오르지만 에어 포스 원은 감금된 카자흐스탄의 라덱 장군의 추종세력인 코르슈노프 일당에 의해 장악당한다. 대통령은 탈출 포드로 혼자서 탈출을 시도한다. 코르슈노프는 조종사를 살해하고 카자흐스탄으로 비행한다. 한편 탈출한 것으로 알고 있었던 대통령은 에어 포스 원에 남아 있었다. 대통령은 항공기를 착륙시키기 위해 연료 라인을 절단한다. 코르슈노프는 공중급유기 지원을 요구하게 되고 그사이 대통령은 감금되었던 참모들을 낙하산으로 탈출시킨다. 그러나 대통령과 가족들은 크르슈노프에게 체포되고 라덱을 석방하도록 지시하게 되는데……

플라이트 93(United 93)

개봉 : 2006년
감독 : Paul Greengrass
주연 : Christian
　　　 Clemenson
배급 : Universal
　　　 Pictures(미)

2001년 9월 11일 4명의 알카에다 요원들은 뉴와크 공항에서 UA-93기에 탑승한다. 당일 AA-11기는 하이재킹을 당하여 뉴욕을 향하고 있었고 UA-93은 지연 이륙하여 DC를 향하였다. AA-11기가 국제무역센터 북쪽타워에 충돌하자 UA-175기 역시 하이재킹당하여 국제무역센터로 가고 있음을 알게 된다. UA-175기가 남쪽 타워에 충돌할 때 AA-77기도 하이재킹당했다는 걸 알게 된다. UA-93기가 순항고도에 다다랐을 때 조종사들과 승객들은 그 시간에 발생하고 있는 항공테러사건을 알게 된다. UA-93에 탑승한 테러리스트들은 항공기를 장악하고 조종사들을 살해한다. 승객들은 항공기가 DC를 향해 가고 있음을 알아차리고 테러리스트들을 제압하여 항공기의 통제권을 회복하려고 계획한다. 승객들은 테러리스트들과 일전을 벌이지만 항공기는 펜실베이니아주 생크스빌에 추락하여 전원이 사망한다.

　영화 「에어 포스 원」은 미 대통령과 테러리스트들의 물리적·심리적 충돌과 극복과정을 대통령 전용기 '에어 포스 원'이라는 공간 안에서 전개한다. 미국 대통령의 역할을 수행하는 '해리슨 포드'는 과거 출연했던 영화 「인디애나 존스」처럼 모험적이고 강력한 성격의 소유자로 묘사된다. 대통령은 역경 속에서도 미국의 정치적 입장을 끝까지 관철하는 용기를 보여준다. 일부 관객들은 미국의 대통령을 너무 미화하고 현실감이 떨어진다고 생각할 수 있다. 또한 영화에게 허락된 상상력의 자유와 선전 효과가 교묘히 결합되어 있다고 느낄 수도 있다. 반면 미국의 정치적 입장과 역사적 배경을 잘 이해하면 영화가 전달하는 메시지에 수긍할 수 있는 부분도 분명히 있다.

영화의 도입 부분 외교 만찬 장면에서 대통령은 '미국은 테러리스트와 절대 협상하지 않을 것'이라는 정책적 기조를 선언한다. 영화의 전체를 이끌어가는 가장 핵심적인 주제이기도 하다. 미 대통령의 이러한 정책적 기조는 1980년대 레이건 행정부의 '이란-콘트라사건(무기제재 대상인 이란에 무기판매, 니카라과 좌익 정부 붕괴를 위해 반혁명세력 콘트라에 대한 정치군사적 지원)'에서 시작되었으며, 헤즈볼라에 의한 미국인 인질사건에도 동일한 입장을 취하였다. 후일 미 대통령들은 이러한 입장을 재확인하는 방식으로 정책적 기조를 이어갔고 9.11 테러가 발생하자 부시 대통령은 명확히 기존입장을 재천명하였다. 그러나 9.11 테러 이후에도 원칙이 문서화되거나 주기적으로 언급되지 않는 것은 미국인을 포함한 전 세계인들이 항상 테러의 위협에 노출되어 있고, 국민의 생명과 인권을 존중한다면 협상을 고려하지 않을 수 없는 현실적 필요성이 있기 때문이다.

미 대통령과 수행원들이 탑승하는 항공기 '에어 포스 원'의 기원은 1953년 아이젠하워 대통령 집권기로 거슬러 올라간다. 기존 대통령 전용기의 호출부호가 행정부와 행사별로 달라서 항공통제의 편이성과 대통령 경호에 어려움이 발생하였다. 이를 해결하기 위해 대통령이 탑승한 전용기의 호출부호가 '에어 포스 원'이 되었으며 이후부터 대통령이 탑승하는 전용기 자체를 의미하기도 한다.

미국의 부통령이 공군 군용기를 탑승하는 경우 호출부호는 '에어 포스 투'가 된다. 현재 미 대통령의 '에어 포스 원'은 'B747-200B' 기종을 사용하고 있다. 만약 미 대통령이 미 해병의 헬기를 탑승하는 경우의 호출부호는 '머린 원(Marine One)'이 되는데 대통령이 탑승한 항공기가 무조건 '에어 포스 원'이 되는 것이 아니라 항공기 소속군을 호출부호에 명시한다고 이해하면 되겠다. 필자가 미국에서 근무할 때 한국 대통령 전용기로 신형 항공기를 구입할 것인지 아니면 리스로 갈 것인지를 판단하는 시기였다. 한국 대통령 전용기를 도입할 때 보다 나은 시스템을 확보하기 위해 미 정부기관과 항공기 제작회사를 자주 방문하였다. 영화에서 보여지는 '에어 포스 원'의 능력은 대부분 사실이다. 반면 영화에서 대통령이 탈출에 이용하는 탈출 포드(Escape Pod)는 현재까지 제작되거나 채택된 바는 없다. 꼭 필요하다면 만들 수 있지만 항공기의 공간 활용과 효율성으로 인해 고려되지 못한 것으로 보인다. 필자에게 항공기 제작사는 옵션으로 전용기 내 엘리베이터(과거 루스벨트 대통령, 김대중 대통령 등이 다리가 불편한 것을 염두에 둔 것으로 판단), 수행원 석의 접이식 대형 스크린 설치 등을 제안한 바가 있었다.

영화에서 대통령이 외부의 조언을 받기는 하지만 능숙하게 항공기를 조종하며 항공기의 시스템을 정비사들보다 더 잘 이해하고 있는 것으로 묘사된다. 대통령이 전직 조종사였다는 점이 영화 속 참모들의 입을 통해서 관객들에게 전달되기도 한다. 실제 역대 미 대통령 중에 조종사였던 인물은 아버지 H. Bush 대통령으로 제2차 세계대전 당시 해군 조종사였다. 아들 W. Bush는 논란의 여지가 있지만 텍사스 주 방위군 조종사였다. 이런 사실들이 영화의 상상력에 현실감을 불어넣고 있다.

대통령이 영화 후반부 직접 조종을 하고 있는 상태에서 미그기가 기총 공격을 하여 #4 엔진에 화재가 발생한다. 그러자 외부에서 통신을 통해 긴급 조치를 위한 조언을 시작한다. 화재가 난 해당 엔진은 꺼야 하는 것이 당연하다. 왼쪽에 위치한 엔진을 끄고 나니까 항공기가 우측으로 경사가 지면서 조종이 어렵게 되는데, 외부에서 좌측 방향타를 사용하여 우측으로 틀리는 것을 막으라고 한다. 여기까지 훌륭한 비상조치가 진행되다가 갑자기 한글 번역 자막이 관중들의 잘못된 항공지식을 유도하게 된다. 외부에서 우측 엔진 출력을 줄이고 트림(Trim)을 맞추라는 조언을 한국어로 엔진을 끄라고 자막에 내보낸 것이다. 이것은 항공기의 엔진 고장 상황에서 절대 하면 안 되는 조작이다. 물론 B747은 4개 엔진을 장착하고 있기 때문에 당장은 문제가 되지 않을 수 있지만 2개 엔진의 항공기 경우 치명적 실수이다. 4개 엔진 항공기의 경우에도 계통결함 및 항공기 추력 감소가 동반되면서 심각한 상황을 맞이할 수 있다.

영화 「플라이트 93」은 미국이 진주만 공습 이후 두 번째로 외국에 의해서 본토의 국민과 시설이 심각한 피해를 입은 9.11 테러사건을 생생하게 재현한 것이다. 9.11 테러를 위해 알카에다 요원들은 4대의 미국적 항공기를 하이재킹하였지만 유일하게 'United 93'만이 테러의 목적을 이룰 수 없었다. 테러가 실패한 배경에는 여러 이유가 있을 수 있지만 가장 중요한 것은 미국의 시민 정신이라고 생각된다. 승객들은 죽음의 위험 속에서도 항공기가 처한 상황을 정확히 인식하고 향후 발생할 비극적인 결과를 막기 위해 스스로의 운명을 용감하게 결정하였다는 것이다. 물론 일반적인 항공기 하이재킹이나 테러상황에서 자신의 안전은 물론 타인이 위험에 빠지는 상황을 가져와서는 안 된다는 것이 기본적인 대응수칙이다. 하지만 승무원과 승객들은 핸드폰과 항공기 ACARS(Aircraft Communications Addressing and Reporting System)를 통해 실시간 미국에서 항공기 테러가 발생하고 있다는 사실을 이미 알고 있었다. 승객들은 테러범들이 자신들이 탑승한 비행기에도 나타나자 테러범에게 단체 행동을 하는 것만이 최선의 방책이라는 것을 자연스럽게 공감하게 된 것이다. 설사 성공하지 못하고 죽더라도 더 큰 희생을 막을 수 있다는 생각에서 감행된 인간 정신의 승리라고 평가할 수 있다.

필자는 미국 근무 시기에 3곳의 테러사고 현장을 다 둘러보았다. 업무협조를 위해 일주일에 2~3일은 들리던 펜타곤 국방성의 경우 처음 갔을 때 어느 곳이 사고 현장이었는지 모를 정도로 잘 정비가 되어 있었다. 꼼꼼히 둘러보니 서편 건물 색깔이 다른 쪽과 약간 달랐고 서편 건물 앞에 기념공원이 있으며 서쪽 1층 복도에는 희생자들을 위한 조그만 교회당이 있었다. United 93이 추락한 지점인 필라델피아 '생크스빌'은 방문 당시 희생자 기념관 설립을 위한 기초공사가 진행 중이었으며 필자가 귀국한 2011년 9월에 완공되었다고 한다. 뉴욕의 국제무역센터 자리는 당시 'Ground Zero'라고 불렀는데 원래 핵폭탄이 투하된 후 지상에 접촉하는 지점을 'Ground

Zero'라고 표현한다. 그만큼 처참하게 폭파된 현장이었고 2009년에 방문했을 때도 여전히 잔해들이 그대로 쌓여 있었다. 잔해가 치워지지 않은 이유 중 하나는 테러 후 8년이 지난 시점에도 유전자 검색 등을 통해 실종자를 찾는 노력이 계속 진행되었기 때문이다. 현재는 국제무역센터를 포함한 새로운 건물들이 재건축되거나 신축되어 예전 자리에 위치하고 있다.

· 2장 ·

스위스 치즈

크래쉬 포인트(Crash Point)

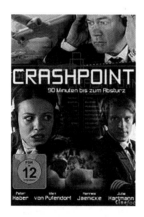

개봉 : 2009년
감독 : Thomas Jauch
주연 : Peter Haber
배급 : Hager Moss
 Film(독)

85명의 승객이 탑승한 여객기 EA714 편이 활주로에 이륙 대기 중이다. 부기장은 TCAS 장비가 부작동한다고 얘기하지만 기장은 이륙을 강행한다. 다른 쪽 활주로에 램프등을 교체하러 들어갔던 차량이 펑크로 인해 움직이지 못하고 있다. 관제사는 자리를 비우면서 인계자에게 해당 활주로 상황을 정확히 알려주지 않는다. 관제사는 EA714의 이륙을 허가하고 접근하는 2인승 경비행기에 대해 차량이 있는 활주로 착륙을 인가한다. 경비행기는 활주로의 차량을 보고 급히 복행을 시도한다. 안타깝게도 상승하면서 옆 활주로에서 상승하던 EA714와 충돌한다. 경비행기는 추락하여 폭발하고 EA714는 항공기 비행통제가 어려운 상태로 비행을 계속하게 되는데…….

블랙박스(Black Box)

개봉 : 2021년
감독 : Yann Gozlan
주연 : Pierre Niney
배급 : Studio Canal(불, 벨)

아트리안 800 항공기가 알프산에 추락하고 탑승객 316명이 전원 사망한다. BEA 기술자인 주인공 매튜는 사고기 조종석 음성녹화 내용의 분석임무를 맡는다. 매튜는 항공기 추락 직전 누군가 조종실에 진입한 사실이 있다는 것을 확인하고 상부에 보고한다. 하지만 매튜는 자신의 분석내용과 승객이 추락 직전 보낸 메시지 내용이 일치하지 않는다는 것을 바로 알게 된다. 탐문하던 매튜는 아트리안 조종사로부터 아트리안 800 항공기 방향타의 실속방지 시스템에 문제가 있고 감항인증이 필요하다는 이야기를 듣게 된다. 또한 그의 상사 폴락의 집에서 매튜는 전직 보안업체 직원인 켈러가 항공기에 탑승하였고 랩탑으로 항공기의 문제점을 알리기 위해 해킹을 하던 중 오류로 인해 항공기 조종불능 상태가 초래되었다는 사실을 마침내 알게 된다. 그 순간부터 매튜는 위험에 처하게 되는데…….

영화 「크래쉬 포인트」와 「블랙박스」는 항공사고가 발생하는 인과적 관계를 「크래쉬 포인트」는 시간의 흐름대로 순차적으로 보여준다. 반면 「블랙박스」는 사고를 역으로 추적하는 방식을 채택하고 있으며 전형적인 사고조사의 형태를 띠는 동시에 스릴러적 요소도 포함하고 있다. 두 영화가 전개방식이 다르기는 하지만 항공사고에 있어 '스위스 치즈'의 이론을 잘 보여주고 있다고 판단된다. 사고가 발생하기 위해서는 수많은 안전에 대한 관심과 절차가 무시되어야 하며 반대로 특정 위치에 있는 사람 및 부서, 절차가 하나만 정확히 역할과 기능을 해도 사고는 발생하지 않는다는 것을 역설적으로 강조하고 있다.

영화 「크래쉬 포인트」는 조종사, 항공관제사, 공항지원요원들의 조그만 부주의들이 겹쳐지면서 비행사고로 발전한다는 것을 잘 보여준다. 활주로 램프등을 교체하러 들어간 정비차량이 활주로에 떨어진 쇳조각(항공분야에서는 통상 FO : Foreign Object로 호칭) 하나로 인해 펑크가 나고 활주로에 오랜 시간 머물게 된다. 영화는 이 장면을 통해 스위스 치즈의 최초 하나의 구멍이 생기는 것을 암시하고 있다. 필자의 경험을 통해 볼 때 FO를 제거하기 위한 노력은 조종사나 지원요원들이 24시간 하고 있다고 해도 과언이 아니다. 모두가 중요성을 인식하고 FO를 제거하기 위해 노력하고 있다. 하지만 사람이다 보니 집중력이 항상 좋을 수 없고 인식의 차가 생길 수밖에 없다. 누구는 이 정도 물체는 비행에 상관없다고 하고 누구는 심각하게 바라보기도 한다. 우리가 승객의 안전을 진정으로 생각한다면 지속적인 관심에 따른 자신의 피로와 동료의 불만을 감수할 수 있어야 한다.

항공관제사는 임무를 동료에게 인계하면서 통상적인 말만 하고 자리를 뜬다. 임무를 인계받은 관제사는 특기사항을 물어보지도 않으며 관성적인 임무절차를 수행한다. 평상시에는 이렇게 해도 문제가 발생할 가능성이 높지 않다. 하지만 가장 큰 문제는 활주로에 비정상적인 상황이 발생해 있는데 이것을 정확히 알려주지 않은 것이다. 또한 인계받은 관제사는 특기사항을 인계받지 못했다 할지라도 활주로에 지시를 내릴 때 반드시 해당 활주로 상태를 확인해야 한다. 그렇지만 영화에서 2명의 관제사는 해야 할 절차를 제대로 하지 않았다. 이것을 관제사들의 '매너리즘' 탓이라고 하면 문제의 본질에 접근하기가 어렵다. 통상 하던 대로 한 것이 아니고 '스위스 치즈'의 구멍을 다시 몇 개 뚫어 놓은 절차미스를 한 것이다.

기장과 부기장은 이륙 전 점검에서 항공경보체제인 TCAS(Traffic Collision Avoidance System)가 작동되지 않는 것을 가지고 설전을 벌인다. 모든 조종사는 모든 것이 정상적이고 완벽한 상태에서 비행하기를 희망한다. 반면 비행 자체에는 문제가 되지 않지만 안전이라는 부분을 충족하지 못할 때 판단의 어려움이 발생하고 기장과 부기장 사이에 견해차가 발생할 수 있다. 만약 TCAS 장비를 교체하거나 보완할 수 있는 장비나 방책이 있을 때는 크게 문제가 되지 않는다. 다른 대안이 없는 경우 상황을 원만히 해결하기 위해 회사의 규정이나 관행이라는 것이 존재하는 것이다. 영화가 회사의 규정이 어떠하다는 식으로 명확히 밝히지는 않았기 때문에 TCAS가 부작동하는 상태에서 기장의 결정에 대해 명확히 평가하기 어렵다. 다만 필자의 경험으로 미루어 보았을 때 비행에 문제가 없는 장비문제로 비행을 취소하는 경우 승객들로부터 항의를 받게 될 가능성은 높아 보인다. 결국 기장과 부기장은 공중경계에 더 신경을 쓰기로 하고 비행을 진행하는데 항공기 좌측 하방에서 날아드는 경비행기를 보았지만 피하기가 어려웠다.

착륙을 위해 활주로에 접근한 2인승 경비행기 조종사들에게 활주로에 트럭이 있다는 사실은 참으로 황당하고 예상하지 못한 상황이다. 반면 비행안전을 위해 복행(Go around)을 하는 것은 당연한 조치이다. 다만 문제가 된 것은 복행 이후 육안경계를 소홀히 하여 자신들이 항공기 충돌 사고의 1차 가해자인 동시에 1차 피해자가 되었다는 것이다. 마지막 스위스 치즈에 구멍을 내어 빛이 투관되는 사고가 발생한 것이다. 이 모든 이야기를 종합해 보면 각각의 위치와 입장에서 자신의 본분과 수행해야 할 절차를 1명이라도 철저히 지켰다면 사고는 막을 수 있었다는 아쉬움이 남는 것이다.

영화 「블랙박스」는 항공사고의 중요한 단서인 녹음기록 분석을 통해 사건의 전말을 역 추적해 나간다. 여객기가 보유한 블랙박스는 녹음기록 이외에도 항공기의 비행기록이 담겨 있다. 먼저 녹음기록(CVR : Cockpit Voice Recorder)은 해당 항공기 조종석 내 조종사 대화내용 및 항공교통 통제사와 교신내용, 조종석에서 청취되는 엔진소음/경고음/장비작동음, 외부의 항공교통관제 교신내용, 비행 중 조종사와 모든 승무원들의 대화내용이 포함되어 있다. 이와 더불어 항공기 비행기록(FDR : Flight Data Recorder)은 항공기 운항 고도/속도/방향/상승각/경사각/상승률, 엔진의 추력/온도/압력/연료/회전속도, 조종을 위한 조종간/러더페달/추력레버의 위치 등을 수치로 정확히 나타내며, 유압/전기/자동항법/경고 시스템의 정상적 작동 유무도 확인할 수 있다.

필자의 조종사 생활을 돌아보면 녹음기록은 주인공 매튜와 같이 사고조사를 수행하고 잘못된 사항을 찾아내기 위한 방법으로 중요하게 활용되는 부분이 있지만, 내 자신의 발전을 위해 활용된 측면도 있었다. 공중에서 사람의 인지도는 임무성격/고도/압력/피로도 등에 따라 많은 편차를 보이며 상당히 감소한다는 것이 많은 실험에서 증명되고 있다. 일반적으로 3~4km 상공에서는 지상보다 10~20%, 4km 이상에서는 20~40%, 6km 이상에서는 50% 정도 떨어지는 것으로 감압실(Hypobaric Chamber), 비행 시뮬레이터, 실제 비행 등의 실험을 통해 확인되었다. 따라서 자신이 공중에서 수행한 내용에 대해 기억이 흐려지거나 조그마한 기억의 왜곡도 발생할 수 있는 것이다. 지상에서 정상적으로 생각하면 자신은 그렇게 하지 않았을 것이라고 판단하기 쉽다. 그렇지만 녹음테이프를 들어보면 어처구니없게도 내 자신이 특정 지점에서 잘못된 생각이나 잘못된 조작을 하고 있는 것을 알게 된다. 또한 내 스스로가 이런 잘못된 습관을 가지고 있는 것에 대해서 놀라기도 한다. 젊은 시절 비행대대 지휘관들이 우리의 녹음테이프를 가끔씩 청취하는 것에 대해 불만을 표시했었다. "우리의 녹음테이프를 청취하는 것은 인권침해와 다름이 없다."거나 "녹음내용을 신경 쓰다 보니 임무 자체가 잘되지 않는다." 등의 울분을 쏟아 내었던 기억이 있다. 하지만 시간이 지나 내가 후배들을 지도 및 지휘하면서 평소에 비행안전보다 더 중요한 것이 없다는 생각과 함께 후배 녹음테이프를 듣고 있는 나를 만날 수 있었다.

영화「블랙박스」는 비행사고의 절차적 흠결과 함께 사회적 진실을 지키는 데 있어 절차적 흠결을 동시에 보여주고 있다. 항공기 제작사가 자신들의 잘못으로 항공기 사고가 발생하는 경우 최상의 정책은 정직하게 대응하는 것이다. 그런데 사고 은폐를 위해 비행 데이터를 조작하고 이를 밝히려는 주인공과 동료들이 사망하는 상황까지 발생한다. 일반적으로 우리가 우리의 힘으로 범죄 발생을 막기에는 어려운 점이 많고 이러한 책임을 직접 묻기도 어렵다. 하지만 범죄를 막겠다는 사람을 도와주지 않거나 도리어 불이익을 주는 것은 분명히 우리에게 문제가 있는 것이다. 한국의 조직사회의 경우 잘못된 것을 지적하는 사람(Whistle blower)들이 제대로 대접을 받지 못하고 그 조직을 떠나야 하는 경우를 종종 보게 된다. 이런 현상은 「블랙박스」처럼 진실을 밝히는 과정에 있어 하나의 '스위스 치즈' 구멍을 더 만드는 것과 마찬가지일 것이다.

하늘 영화로 하늘을 보다

3장

자연의 경고

설리 : 허드슨강의 기적(Sully)

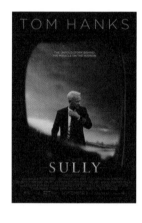

개봉 : 2016년
감독 : Clint Eastwood
주연 : Tom Hanks
배급 : Warner Bros.
　　　 Pictures(미)

2009년 1월 15일 설리 기장은 AF 1549 편으로 라과디아 비행장에서 이륙하였다. 상승하는 순간 A320 항공기는 새 떼와 충돌하고 양쪽 엔진이 고장 난다. 설리는 인접 공항에 착륙할 수 없다고 판단하여 허드슨강에 동체착륙을 시도한다. 155명의 승무원과 탑승객은 전원 안전하게 구조되었다. 사건 이후 미국연방교통안전위원회(NTSB)는 기장의 판단에 잘못이 있다고 문제를 제기하였다. 설리는 실제 모의비행을 제의했고 해당 조종사는 안전하게 인접 공항에 착륙하였다. 설리는 모의비행에서 사건 당시 인적 요소가 고려되지 않았음을 지적했고 다시 35초의 시간을 반영하여 다시 모의비행을 실시하였다. 그 결과 항공기는 비행장에 못 미쳐 추락하게 되는데…….

플라이트(Flight)

개봉 : 2012년
감독 : Robert Zemckis
주연 : Denzel Washington
배급 : Paramount
　　　 Pictures(미)

휘태커는 애틀랜타행 227편기 기장으로 이륙 중에 심한 터뷸런스에 진입한다. 항공기가 안정되자 휘태커는 부기장에게 조종을 위임하고 보트카를 탄 쥬스를 마신 뒤 잠이 든다. 휘태커는 항공기가 급격히 강하하자 놀라 잠에서 깬다. 휘태커는 항공기를 배면으로 뒤집어 항공기 추락을 막아내고 마침내 평지에 비상착륙을 시킨다. 착륙과정에서 머리의 충격으로 의식을 잃게 된다. 휘태커는 친구인 찰리와 변호사 랭을 만나 NTSB가 자신이 의식을 잃고 있는 동안 음주 및 마약검사를 했다는 사실을 알게 된다. 휘태커는 자신으로 인해 다른 승무원들이 피해를 입은 것에 죄책감을 느끼고 자신이 술에 취해 있었다고 인정하게 되는데…….

　영화 「설리」와 「플라이트」는 자연환경이 비행에 미치는 영향과 이를 극복하기 위한 인간의 노력을 대비하여 보여준다. 「설리」는 실제 기장의 이름을 제목으로 정하였으며 설리 기장의 판단력과 침착한 조치의 예찬이기도 하다. 설리 기장이 탑승한 1549편 항공기는 이륙상승 후 얼마 지나지 않아 조류 떼를 만나고, 조류가 엔진에 흡입됨으로써 두 엔진 모두 고장이 난다. 관객의 입장에서 새 몇 마리가 엔진에 들어갔다고 해서 여객기 엔진의 화재가 쉽게 발생할 수 있는지 의문을 가질 수 있다. 항공기 엔진의 블레이드는 수백 mph 고속으로 회전을 하고 있어 가벼운 새라고 할지라도 부딪히는 순간 강력한 힘이 블레이드에 가해지게 된다. 블레이드가 쉽게 변형되거나 깨어지게 된다. 이후 흡입된 물체나 파편은 다음 단계의 팬 블레이드, 컴프레셔 블레이드, 터빈 블레이드에 순차적으로 영향을 주어 블레이드 변형 및 파손뿐만 아니라 공기의 흐름을 막아 엔진을 정지시키기까지 한다. 또한 블레이드나 엔진 하우징 등에 마찰과 열을 발생시켜 2차 파손이나 열에 의한 화재가 유발될 수 있다.

조류도 넓은 의미에서 영화 「크래쉬 포인트」의 쇳조각처럼 FO(Foreign Object)로 볼 수도 있다. A-37B와 같은 항공기는 지상 활주 중에 엔진흡입구 그물망(Inlet Screen)을 사용하여 FO와 조류의 흡입을 막기도 한다. 조류충돌로 인한 피해는 영화와 같이 항공기 엔진 고장 외에도 전투기의 경우 조류가 조종석 캐노피를 충격하여 조종사가 캐노피 파편의 피해를 입은 사례도 있었다. 따라서 조종사가 공중에서 새 떼를 조우하면 기본 원칙은 '보고서 미리 피하는 것(See and Avoid)'이다. 과거 안전교육에서 새는 다른 비행물체와 마주치면 하강하려 하므로 조종사는 상승 회피해야 한다고 강조되기도 했으나 일반적인 원칙으로 채택하기에는 어려운 점이 있다. 이 원칙을 따르자면 「설리」의 경우 새떼를 보고 항공기 기수를 더 들어 올려야 했는데 상승 중에 더 기수를 드는 경우 실속으로 인한 항공기 추락 등 더 어려운 상황이 유발될 수도 있다.

조류들이 10km 상공까지 올라온 기록들이 보고되기는 하지만 이런 기록은 히말라야, 알프스 및 아프리카 고산지대 상공에서 주로 발생한다. 통상 비행에 문제가 되는 조류들의 활동은 저고도와 강과 습지 주변에서 발생할 가능성이 높다. 한국의 비행장들은 주로 바다와 강을 연하고 있으며 활주로 주변의 조류는 비행에 즉각적인 영향을 줄 수 있어 실시간 퇴치를 위한 활동이 필요하다. 군용 비행장의 경우 폭음탄 사용, 조류가 싫어하는 소음 발생, 비행시간대 조류 서식지 순찰, 비행정보에 실시간 조류정보를 포함하고 심지어는 허수아비까지 설치한다. 일반인들의 경우 최첨단 기술의 고가 전투기가 운용되는 활주로 주변에 허수아비가 서 있는 것을 보고 헛웃음을 짓거나 안전 활동을 미심쩍어하기도 한다. 하지만 인간이 자연의 제한을 극복하려고 해도 자연은 인간이 원하는 모든 것을 허락하지 않는다. 활주로 주변에 허수아비가 서 있는 것은 공군이 진심으로 안전을 생각하고 최선의 노력을 다하는 모습으로 봐주면 좋겠다.

「설리」의 영화 후반부에는 설리의 허드슨강 착륙이 과연 옳았는지를 검증하는 과정이 펼쳐진다. 설리가 어떠한 인명피해도 없이 역사에 남을 비상착륙을 하였지만 미국연방교통안전위원회는 인접 공항에 착륙하는 것이 가능하다고 보았고 이렇게 하지 않은 것을 기장의 잘못이라 판단한다. 그렇다면 A-320 항공기로 수상에 착륙(Ditching)은 금지된 것인가? 분명한 것은 A-320 항공기는 수상 착륙을 위해 기체설계가 되지 않았고 수상착륙이 인가되지도 않았다. 그렇다고 해서 일부 군용 전투기들처럼 금지라고 명시된 것도 아니다. 그렇지만 안전위원회가 육상착륙이 가능한데 수상착륙을 시도하였다고 문제를 제기하는 데는 몇 가지 이유가 있다. 먼저 항공기가 수상에 착륙하는 경우 금방 침수될 가능성이 있다. 항공기가 침수되는 경우 승객들이 항공기에서 탈출 자체가 어려울 수 있다. 탈출이 가능하다 하더라도 구조대가 얼마나 신속히 출동할는지 확신할 수 없으며 겨울의 강에 승객들이 빠졌을 때 생존시간은 매우 짧다. 다음으로 지상에 착륙하는 항공기는 비교적 안정된 착륙이 가능하지만 수상은 항공기와 수면이 어떤 상태로 접촉을 일으킬지 모르기 때문에 항공기 통제가 어렵고 파손의 정도도 예상하기 어렵다. 따라서 수상착륙은 추천되지 않는다는 생각이 강하기 때문에 인근 기지에 착륙이 가능한 경우라면 설리의 판단은 존중받을 수 없게 된다.

반면 영화 「설리」에서 인간은 비록 AI를 만들었지만 AI처럼 행동할 수 없다는 사실, 즉, 설리를 인간이라는 주체로 인식해야 한다는 점이 강조된다. 조류충돌 후 인간 요소(Human Factor)를 고려했을 때 설리가 인근 비행장으로 가지 않고 허드슨강에 착륙한 것은 올바른 선택이었다는 것이다. 인간 요소라 함은 상황파악, 항공기 상태점검, 승무원 내부 협조, 항공기 엔진 재시동, 경로상의 인구밀접지역 파악, 수상착륙 결심 등 인간의 판단 및 조치를 의미한다. 즉각적인 인근 기지 착륙 시도는 AI 항공기 조종사일 때 가능할 수 있을 것이다. 하지만 아직 우리는 그 시대에 있지 않고 그 시대로 가고 있을 뿐이다.

한편 영화 「플라이트」는 조종사로서 실력은 출중하지만 술과 약물에 찌들어 정상적인 생활이 되지 않는 주인공 휘태커가 비행사고를 통해 자신의 정체성을 확립해 나가는 과정을 보여준다. 영화 「플라이트」도 '스위스 치즈'의 관점에서 반성해야 할 부분들이 점철되어 있다. 먼저 영화 초반부에 휘태커는 조종사로서 이해하기 어려운 자세를 보여준다. 비행시간 몇 시간 전까지 술을 마시고 정신을 각성하기 위해 코카인까지 흡입한다. 기내에서 술을 주스에 타서 마시고 부조종사에게 비행을 맡기고 조종석에서 잠이 들기도 한다. 참으로 경악스러운 행동이다. 하지만 마약이 즐비하고 개인의 프라이버시가 강조되는 요즘 상황을 보면 실제 이러지 말라는 법은 없다는 생각이 든다. 영화를 통해 필자도 과거 비행생활에 있어 음주 관행에 대한 많은 반성을 했다. 다음날 오전 비행이 있는데 자정 가까이 술자리를 하고 있으면 집사람이 전화를 걸어 내일 비행이 있는 사람이 이래도 되냐고 하면 오히려 역정을 내는 치기 어린 시절이 있었다. 조종사들이 마주하는 어려움과 스트레스를 해소하기 위해서는 음주가 어느 정도 도움이 된다고 개인적으로 생각한다. 하지만 그것은 적절할 때 가능하며 과한 경우 더 많은 스트레스를 가져오는 것이 인간의 삶이다.

반면 분명히 하고 싶은 점은 대부분의 조종사들은 음주에 대한 규정을 철저히 지킨다는 것이다. 미국연방항공청(FAA : Federal Aviation Administration)이나 유럽항공안전기구(EASA : European Aviation Safety Agency)에서 공히 음주 영향하에서 비행을 금하고 있으며 혈중 알코올 농도는 0.04% 이하로 규정하고 있다. 한국은 0.03% 이하로 더 철저한 규정을 적용하고 있다. 출항 이전 음주 금지 규정은 회사 규정마다 상이하지만 통상 8~12시간이 경과해야 비행이 가능하다. 항공회사들은 약물 소지 및 음주 여부에 대해 임무 전 확인 절차를 거치며 랜덤 검사를 실시하기도 한다. 그러나 무엇보다 중요한 것은 확인과 검사를 통해 잘못된 행동을 막아내는 것보다 항공승무원 스스로가 규정을 준수하는 것이며, 승무원들은 동료의 건강상태 확인과 안전조언에 주저하지 말아야 한다는 것이다. 만약 휘태커가 술을 마시고 잠들지 않았다면 터뷸런스에 의한 항공기 이상을 조기에 판단해 신속히 활주로에 정상적으로 착륙할 수 있었을지도 모른다.

다음으로 비행기가 조종불능에 가까운 상태로 돌입한 것은 상승 단계에서 터뷸런스(요란)로 인해 엘리베이터(승강타)의 스크루가 잘못되었기 때문이다. 스크루에 이상이 생기자 이로 인해 엘리베이터가 다운 위치에 고정되고 항공기가 급강하되는 상황을 맞이한 것으로 추정된다. 영화가 명시적으로 지적하고 있지는 않지만 이륙 단계에서 휘태커의 자의적인 판단이 고장에 한몫한 것으로 필자는 생각한다. 항공기가 터뷸런스에 진입하자 휘태커는 추력을 증가하여 최고의 속도로 터뷸런스의 구름을 빠져나간다. 터뷸런스가 사라지고 밝은 햇빛이 비치자 승객들은 기장에게 환호와 박수를 보낸다. 사실상 질책을 받아야 할 상황에서 박수를 받은 것이다. 어떤 기종이든 항공기가 터뷸런스 상황을 맞이하면 수평 상태를 유지하고 교범이 제시하는 적정속도를 유지해야 한다. 그것은 터뷸런스에 의한 기체 하중을 최대로 줄이기 위한 조작인데 최대 속도를 유지하는 경우 기체가 받는 하중은 최대로 증가할 가능성이 있다. 느슨했던 스크루라면 빠지거나 부러질 가능성이 높아지는 것이다.

휘태커는 항공기 강하가 깊어지자 잠에서 깨어났고 항공기를 구하기 위해 최선을 다한다. 사실상 이 단계에서는 '스위스 치즈'에 빛이 관통한 것과 마찬가지이다. 대형사고로 이어지는 직전 단계로 어떤 결과가 발생할지 예측할 수 없다. 주인공은 매우 창의적이고도 항공역학에 부합하게 배면 상태로 비행을 시작한다. 하지만 항공기는 수평비행을 전제로 부품과 시스템이 구성된다. 배면비행이 오래 지속되면 연료계통, 오일계통, 유압계통에 문제가 발생할 가능성이 높아지며 오일계통의 문제는 대부분 엔진결함이나 화재로 이어진다는 것을 조종사라면 주지하고 있는 사실이다. 마지막 순간 휘태커는 항공기 엔진을 끄고 수평 상태에서 평지에 비상착륙을 실시한다. 천만다행으로 많은 승객들의 목숨을 구한 성공적인 착륙이었지만 마지막 주인공의 독백처럼 모든 사람의 용서를 구할 수는 없는 일이었다.

하늘 영화로 하늘을 보다

이카로스가 지구를 바라보다

조망 효과

프랭크 화이트

"From this vantage point,
the Earth is a shining oasis
The ocean depths glisten in Sun light."

우주의 의미

우주는 존재하는 모든 것을 말한다. 이 말의 의미는 우리가 볼 수 있고 이해할 수 있는 것만이 아니라 볼 수 없고 이해할 수 없는 것까지를 포함한다는 것이다. 시공간은 물론이고 그 안에 있는 물질과 에너지 모두가 우주에 포함된다. 우리가 상상할 수 없을 정도로 넓은 우주는 생성된 이래로 계속 팽창해 왔으며 시간이 갈수록 우리에게 다채로운 모습을 보여주고 있다.

4부에서는 먼저 인간이 꿈꾸었던 달 탐사의 노력이 어떤 희생과 과정을 통해 달성되었는지를 살펴본다. 다음으로 인류가 오랜 시간이 지나지 않아 마주치게 될 자연환경의 변화와 화성에서 삶을 미리 학습해 본다. 마지막은 우리의 지식 범위 내에서 우주의 작동 원리인 상대성 이론과 양자 물리학이 펼치는 미래에 대한 상상력이다. 이러한 상상력은 우주 공간에서 인류 삶의 방향을 제시하고 우리가 아닌 생명체의 만남을 기대하게 한다.

하늘 영화로 하늘을 보다

·1장·

작은 발자국,
거대한 도약

퍼스트 맨(First Man)

개봉 : 2018년
감독 : Damien Chazelle
주연 : Ryan Gosling
배급 : Universal
       Pictures(미)

암스트롱은 1961년 NASA 제미니 계획에 지원하여 2그룹 요원으로 선발된다. 1965년 소련이 최초 우주유영에 성공하자 암스트롱은 스캇과 함께 제미니 8의 비행을 준비한다. 암스트롱은 제미니 8로 성공적인 이륙과 도킹을 하지만 기계고장으로 위험한 상황에 빠지고 RCS 추진체를 이용하여 임무를 겨우 중지한다. 실패로 인한 비난이 쏟아졌지만 조종사들의 잘못이 아닌 것으로 최종 결론이 난다. 암스트롱은 최초 달 탐사선 아폴로 11호의 조종사로 선정이 되고 임무에 대한 부담을 느끼게 된다. 하지만 이런 어려움을 극복하고 아폴로 11호 성공적인 이륙 후 3일 만에 달 궤도에 진입한다. 암스트롱과 알드린은 착륙장소가 계획과 달리 어려움이 있자 수동으로 조작하여 성공적으로 달에 착륙한다. 암스트롱은 착륙 후 "That's one small step for man, one giant leap for mankind."라는 명언을 남기게 된다.

아폴로 13(Apollo 13)

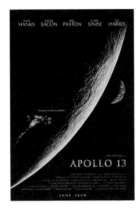

개봉 : 1995년
감독 : Ron Howard
주연 : Tom Hanks
배급 : Universal
      Pictures(미)

1969년 우주비행사 짐은 상관으로부터 아폴로 13호로 달 탐사 비행계획을 통보받는다. 아폴로 13호는 1970년 4월 11일 정상적으로 이륙했지만 2단계 엔진이 미리 꺼진다. 그렇지만 궤도에 정상적으로 정상 진입 후 3단계 엔진시동을 실시하여 달 탐사 임무를 계속한다. 모선 오디세이는 달착륙선 아쿠아리스와 성공적으로 도킹을 하지만 임무 3일째 스위거트가 액체 산소혼합 팬 스위치를 켜자 탱크 폭발과 진동이 발생한다. 이후 산소가 외부로 유출된다는 것을 알게 되고 비상조치로 연료 셀 중 두 곳을 차단한다. 결국 아폴로 13호는 달 착륙 임무를 포기하고 귀환을 위해 달 궤도를 돌아서 지구로 향하게 된다. 모선과 연결된 아쿠아리스의 전기와 산소가 거의 동이 나고 안전한 귀환을 위해 불필요한 전력을 차단한다. 추위로 인해 승무원들은 고통받게 되고 이산화탄소 필터 고장으로 죽음의 위기에도 직면한다. 모선 필터를 임시로 활용하여 위기를 넘기며 수동으로 모선을 조종하여 대기권으로 성공적으로 진입한다.

영화 「퍼스트 맨」과 「아폴로 13」은 공히 미국의 달 탐사를 위한 준비와 도전의 과정을 보여주는 영화이다. 이카로스가 추락하지 않고 날아올라 우주에서 지구를 바라볼 수 있었던 역사적이고 감동적인 이야기이다. 영화 「퍼스트 맨」은 암스트롱 선장을 통해서 최초 달 탐험의 준비과정에서 발생한 많은 에피소드를 다루고 있다. 특히, 아폴로 11호 발사 지역과 암스트롱이 최초 우주선 선장으로 선정된 배경과 이유는 우주를 향한 인류의 향후 노력에도 함의하는 바가 크다.

아폴로 11호 및 다른 후속 우주 탐사선이 플로리다주 커내버럴에 위치한 케네디 우주센터에서 발사된 이유는 첫째, 미국의 다른 지역보다 적도 지역에 가장 가깝게 위치하고 있기 때문이다. 우주선을 지구 적도의 가까운 곳에서 발사하는 경우 먼 곳에 비해 지구 자전 영향력으로 인한 상승속도 유지에 유리한 점이 있다. 결과적으로 다른 지역에 비해 연료소모가 적은 상태로 우주궤도에 진입할 수 있다. 연료 사용이 줄어드는 만큼 다른 외장이나 장비를 탑재할 수도 있으며 궤도 진입에 절약된 연료만큼을 사용하여 우주선을 증속할 수도 있다.

둘째, 우주선 발사장이 해상에 근접해 있어 안전을 확보하는 데 유리하다. 우주선 발사는 항상 성공 여부가 불투명하다. 발사 직후 우주선이 정상적인 비행에 실패하는 경우 반드시 인구밀집 지역을 회피할 수 있고, 우주비행사의 판단에 의거하여 외부 장착물을 긴급 투하할 수도 있어야 한다. 이때 가장 적합한 장소가 바다인 것이다. 성공적인 발사체 단계 분리가 이루어지는 경우에도 분리된 물체는 자연스럽게 해상에 낙하하게 된다.

셋째, 연중 케네디 센터 지역 날씨가 온화하며 발사에도 적합하다. 악 기상으로 인한 장비 결함 발생이나 발사 지연의 가능성이 적다. 단, 여름철에 종종 발생하는 허리케인은 운영의 변수가 되기도 한다. 또한 발사장, 발사체 조립시설, 발사 감시시설 등의 인프라와 지역사회가 가깝게 위치하여 협력체계가 잘 구축되어 있다.

다음은 수많은 우주비행사 중에서 암스트롱이 아폴로 11호 우주선장으로 선발될 수 있었던 몇 가지 합리적인 이유이다. 첫째, 암스트롱이 보유한 우수한 과거 경력과 경험이다. 암스트롱은 시험비행 조종사로 어렵고 힘든 수많은 비행을 수행해 왔고 달 착륙장비의 개발 및 시험에는 기술적으로 깊이 관여하였다. 이로 인해 실제 우주선에서 긴급한 상황이 발생하는 경우 정확한 기술적 판단하에 최적의 조치를 망설임 없이 할 수 있었다. NASA의 입장에서 제미니 8의 개발 초기 안정성이 문제가 되었음에도 불구하고 성공적으로 임무를 수행한 암스트롱의 노력과 실력을 최우선적으로 선발에 고려하였을 것이다.

둘째, 암스트롱이 지닌 합리적이면서도 강력한 리더십이다. 암스트롱은 아폴로 11호 발사에 앞서 진행된 수차례 시험비행의 극한 상황에서도 침착함을 잃지 않았고 냉철한 판단력과 우수한 대응능력을 보여주었다. NASA는 인류역사상 최초의 달 착륙과정에서 예상하지 못했던 난제를 맞이했을 때 누구의 리더십이 가장 효과적일까 고민 끝에 암스트롱을 선택했음이 분명하다.

셋째, NASA의 암스트롱에 대한 평판이다. 암스트롱은 NASA의 지휘부뿐만 아니라 동료들에게 사려가 깊고 능력있는 우주비행사로 이미 정평이 나 있었다. 많은 사람들이 그의 성실성과 전문성보다 더 높이 평가하는 부분이 있었다. 그것은 그의 겸손하고 온화한 성격으로 우주선이라는 좁은 공간에서 발생할 수 있는 이견을 조율할 수 있는 최적임자라고 입을 모았다.

영화는 주인공이 수행한 우주선 시험비행 장면을 통해 인간이 경험하게 되는 우주의 특성과 주인공의 고뇌에 찬 결단력과 실행력을 잘 보여준다. 특히, XC-35와 제미니 시험비행 장면에서 당시 최고 기술력을 반영하였지만 여전히 불안정한 우주비행체에 대한 의심스러운 우주비행사의 시선이 잘 표현되었다. 먼저 400km 지구 상공에서 진행된 XC-35 우주선의 비행은 우주 공간별로 공기 덩어리의 밀도가 달라 터뷸런스가 빈번히 발생하며 제트기류에 상당한 영향을 받기도 한다. 여기서 발생한 터뷸런스는 매우 강력하여 우주선의 구조적 피해, 조종력 상실, 우주비행사의 신체적 피해 등을 가져올 수 있다. 당시 주인공이 탑승한 XC-35 로켓추진 우주비행선은 기본적으로 B-29의 기체 골격 위에 방열, 방습, 방압의 기술력을 더해 보강한 정도였다. 따라서 주인공이 마주한 상황은 우주선 자체에 대한 의심과 공포가 몰려올 수밖에 없는 상황이었다.

한편 터뷸런스에서 벗어나 항공기 기체가 조용해지자 지상관제사가 현재 'Balooning' 상태라고 일러주는 장면이 나온다. 풍선과 같이 붕 뜬다는 의미의 'Balooning'은 고고도에서 공기층이 희박해지면서 발생하고 우주선 조종이 정상적으로 되지 않는 상태이다. 이때 우주비행사의 미세 조작만으로도 항공기 기수가 급격히 들리거나 강하하는 현상이 발생하며 +G, -G가 수반되게 된다. 반면 이러한 'Balooning' 현상이 공기밀도가 높은 지상 비행장에서도 종종 발생한다. 조종사가 항공기의 착륙속도보다 조금 많게 유지하여 착륙을 하려고 하면 비행기가 가라앉지 않고 앞으로 죽 밀리는 현상이 발생한다. 이때 이런 현상을 'Balooning'이라고도 한다.

　다음은 주인공의 제미니 8 시험비행이다. 주인공은 제미니 시험비행에서 제미니가 조종불능 상태를 넘어 스핀에 진입하게 된다. 주인공과 동승한 스캇은 극심한 고통을 겪게 되는데 스캇은 거의 의식을 상실하고 주인공도 의식이 깜깜해지는 상태(Black Out)에 이른다. 매우 힘든 상황에서도 주인공은 주 추력기를 끄고 보조추력기(RCS : Reaction Control System)를 사용하여 스핀을 정지시킨다. RCS는 여러 방향에서 소량의 가스를 분출하는 보조추력기이다. 통상 RCS는 우주정거장 혹은 우주시설물에 도킹을 시도하거나 우주선이 대기권으로 재진입하는 등의 특정 상황에서 세밀한 조종이 필요할 때 사용된다. 주인공은 RCS를 과감히 사용하여 우주선의 비상상황을 해결하는 능력을 보여준다. 이 장면은 주인공이 우주비행사이자 기술자였기 때문에 가능하였다고 판단된다.

　영화「퍼스트 맨」의 클라이맥스는 아무래도 달 착륙의 장면이 될 것이다. 주인공이 달에 착륙하여 착륙선의 문을 열었을 때 순간 고요한 순간이 지속되다가 주인공의 숨소리만이 계속 들린다. 영화는 관객들에게 달에 도착했음을 잘 표현하고 있다고 생각된다. 소리는 공기의 파동을 따라 전달되는데 달에는 파동을 일으킬 공기가 없다. 그러나 소리가 들리지 않는다고 해서 진동이 감지되지 않는 것은 아니다. 주인공이 달 표면에 발자국을 냈을 때 그 진동은 기계장비로 모두가 확인할 수 있는 것이다. 또한 주인공이 껑충껑충 뛰어다니는 모습도 달에 착륙한 느낌을 잘 전달한다. 달의 중력은 지구의 1/6이다 보니 조금만 뛰어도 높게 멀리 효율적으로 이동할 수 있는 것이다. 반면 약한 중력과 육중한 우주복으로 인해 걸어서 다니는 것 자체가 오히려 불편하고 많은 숙련의 시간을 필요로하게 된다.

영화는 마지막 부분에 지구로 귀환한 주인공이 우주검역을 위해 기다리고 가족들이 초조해하는 장면이 나온다. 아폴로 11호 프로젝트는 인류가 최초로 진행한 우주 탐험 프로젝트였다. 따라서 임무를 계획함에 있어 우주비행사의 건강 이상과 병균 물질이 유입되는 것에 극도의 주의를 기울였다. 그러다 보니 아폴로 11호가 진행한 우주검역 기간이 무려 21일이나 되었다. 모두가 불안하고 피곤한 기간이 된 것이다. 현재는 우주비행사의 임무 전후 의학검진으로 절차가 단순화되었으며 현재까지 어떤 우주비행사의 건강 이상이나 우주병균이 보고된 바는 없다.

영화 「퍼스트 맨」은 미국에서나 한국에서 크게 흥행에 성공하지 못하였다. 영화가 흥행에 실패한 데는 여러 가지 이유가 있겠지만 영화 개봉 시기인 2018년 미국의 정치적 상황도 한몫하였다. 2017년부터 공화당 트럼프 행정부가 출범하였고 트럼프는 군의 반대에도 불구하고 우주군을 창설하는 등 우주에 큰 관심을 쏟았다. 그렇다면 영화가 더 흥행되어야 하지 않았을까? 트럼프는 주인공이 달에 착륙하여 성조기를 꽂는 장면이 영화에 포함되지 않았음을 비난하였다. 영화 마지막에 민주당 대통령인 케네디의 모습은 나오는데 말이다. 감독은 이 영화가 암스트롱이라는 개인을 중심으로 영화를 진행시키다 보니 국가를 대표하는 성조기가 직접 화면에 잡히지 않았을 뿐 미국의 우주를 향한 노력과 용기는 충분히 표현되었다고 설명하였다. 시선을 한국으로 돌려보면 한국은 우주 시대의 새로운 강자가 되기 위해 현재 많은 노력을 기울이고 있으며 그 가능성이 높아 보인다. 이러한 시기에 살펴본 「퍼스트 맨」과 트럼프 이야기는 우주 시대에 미국과 우주분야 협력을 추진하는 데 있어 한국에게 기대와 고민을 동시에 갖게 한다.

영화 「아폴로 13」은 실제 달 탐사를 위한 7번째 임무를 영화화한 것이다. 영화는 우주선 시스템의 고장이라는 어려운 상황에서도 우주선 승무원들이 지상요원들과 협력을 통해 지구로 무사히 귀환하는 과정을 세밀히 묘사하여 호평을 받았다. 「아폴로 13」을 통해 우주비행사, NASA, 관객들 사이에 발생할 수 있는 몇 가지 인식의 차에 대해 생각해 보도록 하겠다. 먼저 우주비행사들이 발사과정에서 육체에 가해지는 G 항력에 대한 것이다. 필자는 한국 TV 프로그램에서 어떤 패널이 우주 발사과정에서 우주비행사들은 매우 견디기 힘든 G 항력을 받게 된다고 설명하는 것을 보았다. 일견 맞는 말 같지만 좀 달리 생각해 볼 부분도 있다. 발사 프로그램과 발사체에 따라 비행사에게 가해지는 G 항력은 조금씩 차이가 있다. 하지만 대부분의 발사에서 우주비행사들은 편하게 이륙 안전점검을 할 수 있도록 거의 누운 상태에서 이륙을 하게 된다. 우주비행사가 앉

하늘 영화로 하늘을 보다

은 자세에서 이륙을 하면 누운 상태보다 2~3배의 G가 더해지고 서 있는 경우는 이보다 더 커지게 된다. 통상 눕거나 뒤로 기댄 상태에서 우주선이 이륙하는 경우 3~4G 정도가 가해지는데 앉아 있는 상태는 6~12G 정도가 가해질 것으로 보인다. 필자가 미국 필라델피아에 위치한 G 가속기 회사 실험실에서 누운 상태에서 3~4G 이륙을 해본 결과 순간적인 압력이 앉아 있는 상태의 느낌과 조금 다르긴 해도 가해지는 전체 압력은 통상 전투기동을 하는 G 상태와 큰 차이가 없었다. 현대 첨단 전투기의 경우 기동 중 G 항력을 감소시키기 위해 대부분 조종석은 뒤로 각을 유지한 상태로 제작된다.

다음으로 한국 관객들이 왜 아폴로 13호로 명명을 했을까 하고 의문을 품을 수 있다. 이것은 서양의 문화에서 13이란 숫자가 유다를 포함한 13명의 최후 만찬 참가자를 의미하는 것으로 기피의 대상이 되었고, 실제 미국에서 공포 마케팅으로 13일의 금요일을 활용하고 건물에 13층이 없거나 14층으로 표시하는 등의 관행이 있기 때문일 것이다. 하지만 미국 NASA는 최첨단 과학의 상징으로 미신이나 징크스와 거리를 두고 있는 것으로 보인다. 아폴로 계획은 임무번호를 1에서 17까지 부여하였으며 아폴로 13호는 단지 13번째 임무였고 개인이 아닌 7번째 팀 임무이기도 했다. 아폴로 13호가 여러 가지 사고로 어려움을 겪고 달에 착륙하지 못했지만 우주비행사 전원이 안전하게 귀환하여 성공적인 임무로 평가받았다. 반면 아폴로 1호는 발사 전 테스트 과정에서 모선의 화재로 승무원 전원이 사망하고 1986년 우주왕복선 챌린저호는 이륙 직후 공중 폭발하였으며, 2003년 컬럼비아호는 대기권 재진입과정에서 기체가 파손되어 전원이 사망한 것처럼 특정 숫자와 불운은 무관한 것으로 보인다.

마지막으로 영화에서 미 우주선 승무원들이 비상상황에 처해서 서로를 불신하고 갈등이 증폭되는 것으로 묘사된다. 또한 아폴로 13호의 운명을 시사하는 선장 짐의 휴스턴 관제소와 통신 내용 "Huston! We have a problem."도 분명하지만 떨리는 목소리로 표현된다. 이런 모습은 감독이 영화의 리듬을 확보함과 동시에 박진감을 불어넣는 방식이라고 관객들은 이해하면 좋겠다. 실제 아폴로 13호의 승무원들의 교신 및 내부 통화내용은 이와 다를 뿐 아니라 필자의 경험을 돌아보았을 때도 접근방식의 차이가 있다. 비행을 하는 대부분의 사람들은 비상을 대할 때 당장 비상 탈출을 해야 하거나 지상충돌로 이어지지 않는 경우 비교적 침착하려 하고 외부 통신을 할 때 안정된 톤을 유지하려고 한다. 그것은 목소리를 통해 내 능력이 외부로 드러나는 것이고 침착해야만 한 가지라도 더보고 더 정확하게 조치할 수 있기 때문이다. 또한 승무원 간에 갈등이 발생할 수 있지만 어쩔 수 없는 긴박한 상황에서는 그것보다는 생존을 위한 서로의 협력이 필요하다는 것을 본능적으로 알아차리게 된다.

영화는 승무원들이 우주선의 고장으로 임무를 포기하고 지구로 귀환하는 과정에서 겪는 육체적 고통과정을 생생하게 보여준다. 실제 아폴로 13호의 승무원들이 마주한 어려움은 여러 가지가 있지만 선체 내 산소가 부족한데 이산화탄소 필터마저 고장이 난 것

하늘 영화로 하늘을 보다

과 지구귀환을 위해 전력을 아끼다 보니 난방이 안 되고 물을 충분히 마실 수 없는 상황 등이 대표적이다. 먼저 산소가 부족하고 이산화탄소가 증가하면 어지럽고 두통과 메스꺼움이 찾아온다. 점차 뇌가 질식(Brain Asphixia) 상태에 이르며 상황판단이 안 되고 의식을 상실하거나 죽음에까지 이를 수 있다. 우주비행사들의 이런 절체절명의 상황에서 지상요원들은 'Rube Goldberg' 장치를 즉석에서 고안하여 이산화탄소를 정화할 수 있도록 도와준다. 이 장면에서 개인적인 성취보다 타인을 위한 진심 어린 기도와 노력은 하늘도 들어준다는 것을 느낄 수 있다.

다음으로 지구귀환이 가능하도록 필수 전력만 유지하다 보니 에어컨 시스템이 차단되었다. 아폴로 13호는 줄 곳 실내 온도가 약 1.6°C였다고 한다. 외부와 접촉되는 우주선체는 온도가 이보다 더 낮아 서리와 얼음으로 뒤덮여 있었다. 이런 상태가 일주일 정도 지속되다 보니 우주비행사들의 추위로 인한 스트레스가 극에 달하였다. 스트레스로 인한 두통과 피로는 물론 면역체계까지 약화된다. 영화에서 하이스가 요로감염이 악화되어 고통을 겪는데 면역체계가 약화되어 발생하는 현상으로 보인다. 또한 충분한 수분을 섭취할 수 없는 상황이 되었다. 자연스럽게 피로와 두통 그리고 심장의 두근거림과 배뇨장애 등 탈수증 현상을 보이게 된다. 탈수증을 극복하기 위해서는 수분 및 영양분을 섭취하고 운동을 해야 하는데 당연히 할 수 없는 상황이다. 이런 어려움을 우주비행사들이 견뎌내고 무사귀환을 할 수 있었던 가장 중요한 힘은 인간의 생존에 대한 의지와 가족들을 향한 사랑이 아닐까 생각해 본다.

2장

우주에서 살아남기

지오스톰(Geostorm)

개봉 : 2017년
감독 : Dean Delvin
주연 : Gerald Buttler
배급 : Warner Bros.
　　　 Pictures(미)

2019년 지구에는 기상이변이 속출하고 기상을 통제하기 위해 설치된 인공위성 시스템 더치보이에 문제점이 있다는 걸 알게 된다. 더치보이 설계자인 주인공 제이크는 문제를 해결하기 위해 국제기상우주센터에 도착해 센터장인 우테와 협력한다. 제이크는 시스템에 바이러스가 침투했고 불순세력인 리코, 데컴 등이 배후에 있음을 알게 된다. 이들은 지구상에 지오스톰이 발생하도록 조치한 뒤 인공위성 시스템의 자동 파괴 장치를 작동한다. 한편 미 대통령을 보좌하는 제이크의 동생 맥스는 현재 발생하고 있는 해일이 대통령에 곧 닥칠 것이라는 것을 알고 긴급히 대통령을 피신시킨다. 맥스는 미 대통령의 킬 코드를 이용해서 시스템의 파괴를 막아보려 하지만 방법이 없게 되는데…….

마션(The Martian)

개봉 : 2015년
감독 : Ridley Scott
주연 : Matt Damon
배급 : 20th Century Fox.
　　　(미)

2035년 ARESⅢ 팀은 화성탐사 임무 중 강력한 모래 태풍으로 이륙선을 잃을 위험에 처한다. 팀원들이 철수하는 과정에 와트니는 파편에 맞아 기절하고 모두는 그를 죽은 것으로 판단한다. 다른 팀원들은 모선 에르메스로 귀환한다. 얼마 후 상처를 입은 와트니는 깨어나게 되고 팀원들이 사용하던 화성 주거지로 돌아온다. 와트니는 지구와 교신이 두절되었으며 다음 우주선은 4년 뒤에나 오고 그마저 착륙지점도 3,200km 떨어져 있다. 와트니의 당면과제는 식량을 구하는 것으로 거주시설에 정원을 조성한다. 나사의 위성계획관 민디는 우연히 와트니가 살아 있다는 사실을 알게 되지만 샌더스 국장은 팀원들에게 이 사실을 알리지 말라고 지시한다. 와트니는 화성에 남아 있던 패스파인더의 카메라를 이용하여 지구와 교신하고 팀원들도 그의 생존 사실을 알게 되는데…….

　　영화 「지오스톰」은 지구온난화에 따른 전 세계 기상이변이 속출하는 2017년에 제작된 재난 블록버스터 영화로 2020년에 후속작이 제작되기도 했다. 영화 초반부 지구에 쓰나미, 화산폭발에 의한 지진, 혹한과 혹염 등이 연이어 발생하자 미국을 포함한 세계 국가들은 자연 재난 상황에 대비하기 위해 만든 위성 시스템인 '더치보이'에 문제가 있다는 사실을 알게 된다. 그리고 시스템의 설계자이자 모두의 희망인 주인공 제이크가 현장에 투입되면서 우주에서 여러 상황이 발생하게 된다. 영화에서 상상과 실제가 혼재되다 보니 몇 가지 사안은 그 본질을 구별하여 생각해 볼 필요가 있다.

　요즈음 전 세계가 기후변화에 관심을 갖고 자연보호에 힘을 쏟고 있지만 오래전부터 기후를 인공적으로 활용하는 노력도 진행되고 있었다는 사실을 인지할 필요가 있다. 그 예로 미국은 1946년부터 인공강우 실험을 실시해 왔고 전 세계 약 40여 개국이 인공강우 실험에 성공했다. 한국은 1995년 인공강우 실험을 처음 시작하였으며 2008년부터는 매년 대관령과 인근 지역에서 인공강우를 실험해 오고 있다. 분명히 실용화 단계에는 들어섰지만 여전히 경제성 때문에 상용화되고 있지는 못하다. 정부의 입장은 기후 조절이라는 차원보다는 민간의 기상기후산업 육성에 더 뜻이 있는 것으로 보인다. 일본에서는 공항이 안개로 인해 정상적 비행활동에 지장이 발생하고 안전에도 저촉되는 점을 개선하기 위해 공항 열 발생기를 운영하여 취약시간대에 운영하고 있다. 러시아는 뇌우에 의한 지상 시설물 및 항공기의 피해를 막기 위한 뇌우 억제기술을 완벽한 수준까지 개발하였다. 미국은 태풍 발생 및 악화 조절 연구를 진행 중이며 성공의 가능성이 높아 보인다. 영화의 출발점은 이런 기술적 발전을 바탕으로 미래 재난을 예방하고 피해를 줄이기 위해 만들어진 '더치보이'가 잘못되면서부터이다.

　'지오스톰'은 '더치보이'에 의해 유도된 개별 기상 악화가 연쇄반응을 일으켜 인간이 대응할 수 없을 정도의 큰 재난을 만들어 낼 수 있음을 의미한다. 이것은 인간이 안전을 도모할수록 안전의 위험이 더 커지는 '펠츠만 효과'의 실제 예처럼 보이기도 한다. 현재의

　　　　　　　　　　　　　　하늘 영화로 하늘을 보다

기술과 판단으로서는 '지오스톰'이 발생할 가능성이 낮아 보이지만, 제4차 산업혁명 시대에 AI 발전이 어느 수준에 도달하여 '더치보이'와 같은 기상 시스템과 통합되는 경우 그 가능성은 높아질 것으로 예상된다.

한편 '지오스톰'은 인간이 미래 기술에 기반하여 인위적으로 만들어 낸 것이지만 '지오마그네틱 스톰(Geomagnetic Storm, 지자기폭풍)'은 우주의 태양이 만들어 낸 자연적인 현상으로 실제 존재한다. 태양으로부터 코로나 질량이 방출되거나 코로나 구멍에서 발생한 고속 태양풍이 불어와 지구의 자기장에 간섭이 발생할 때 우리는 이것을 '지오마그네틱 스톰'이라고 한다. '지오마그네틱 스톰'은 생각보다 우리 주변에 가깝게 찾아오기도 하며 상당한 피해를 주기도 한다. '지오마그네틱 스톰'은 여러 분야에 다양한 효과를 발생하는데 첫째, 통신장비의 장애를 가져온다. 특히, 고주파(HF) 라디오 장비가 취약하며 수 시간 동안 장비가 먹통이 되는 현상을 초래한다. 둘째, 인공위성 장비이다. 인공위성 장비의 하드웨어에 직접 손상을 주기도 하고 GPS가 작동되지 않는 현상도 발생한다. 셋째, 전반적인 전력 시스템에 영향을 준다. 주로 영향력이 미치는 지역의 전압이 불안정해지거나 출력이 약해지고 심지어 변압기가 고장 나기도 한다. 넷째, 우주방사선이 지구에 강한 영향력을 미친다. 가장 가시적인 현상은 오로라가 남쪽으로 쳐져 나타나는 것이다. 오로라는 주로 오로라대(Aurora Oval)라고 불리는 고위도(60~80°)에서 발생하지만 스톰의 여파가 있을 때는 중위도 지역에서도 목격된다. 한편 강력해진 우주방사선은 우주비행사에게 직접적인 영향을 주며

민항 조종사도 장시간 노출되는 경우에는 피폭검사와 함께 치료제를 복용하는 것이 추천된다.

영화 「지오스톰」에서 기상위성 시스템에 문제를 발생키고 기상 재난을 획책한 불순세력 중에 '리오'라는 인물이 보호 장비 없이 우주의 진공상태에 노출되어 비참하게 죽는 장면이 나온다. 이 장면은 관객들에게 악은 처벌된다는 권선징악의 메시지를 전달하고 있다. 그렇다면 인간이 갑자기 무방비로 우주에서 노출되면 어떤 상황을 맞이할까? 먼저 산소가 없다는 사실을 체감할 것이다. 조금씩 시간이 흐르면서 뇌가 질식 상태가 되며 2분 이상이 지나면 의식 상실 또는 죽음으로 이어진다. 다음으로 낮은 외기압으로 인해 물의 끓는점이 낮아지므로 인체 내 침, 눈물, 폐 속의 수분 등이 끓어서 증발하기 시작한다. 이러한 현상을 체액비등(Ebullism)이라고 하며 통상 고도 19km 이상에서 쉽게 발생한다. 과거 NASA의 요원들도 저압 챔버에서 실험 중 우주복에 문제가 발생하였는데 혀에서 기포가 형성되는 느낌을 강하게 받았다고 증언한 바 있다. 신체적으로 피부조직이 부풀어 오르고 장기의 손상도 초래되게 된다. 하지만 이것으로 인해 신체가 터지는 상황까지 가지 않을 것으로 예측하고 있다. 또한 우주 공간의 평균 온도가 영하 270°C이기 때문에 산소호흡이 가능하더라도 저체온증을 겪다가 얼어서 죽는 상황을 예상해 볼 수 있다. 따라서 영화가 표현하듯이 갑작스럽게 비참한 모습으로 죽는 상황보다는 산소부족으로 먼저 사망하고 체액이 없는 상태에서 얼어 굳은 모습으로 우주에 남게 될 가능성이 높아 보인다.

영화 「마션」은 모래폭풍으로 의도치 않게 유일한 화성 지구인이 되어버린 주인공의 눈물겨운 생존기와 팀원들 및 NASA의 '라이언 일병 구하기' 작전이 대비되어 전개된다. 주인공은 탐사대원들과 임무를 수행하던 중에 모래폭풍이 불어 닥쳐 상처를 입고 우주복도 파손된 상태에서 어딘지도 모르는 모래 속에 한동안 파묻혀 있게 된다. 모래폭풍으로 우주상승선마저 쓰러질 상황이 되자 팀원들은 주인공이 죽었다는 판단을 내리고 긴급히 화성을 떠나게 된다. 실제 화성의 자연환경에서는 수 km 높이의 모래바람이 몇 주일 동안 계속 부는 상황이 자주 발생한다. 영화에서 보여주는 무시무시한 크기의 모래폭풍 상황은 과장이 아니라는 것이다. 반면 화성에서 부는 바람이 물체에 미치는 힘은 지구 바람의 1/10에 불과하다. 따라서 우주복을 입은 주인공이 날려가고 외부물체에 큰 상처를 입으려면 수백 km/h 바람이 불어야 하는데 그런 바람은 발생하기 어려울 것으로 판단된다. 어쨌든 화성의 모래바람은 주인공을 포함한 모든 이들에게 생존과 구조라는 난제를 남긴 것이다. 주인공은 겨우 의식을 되찾았지만 대기의 대부분이 이산화탄소이고 대기압이 지구의 1%밖에 되지 않는 화성의 환경으로 인해 목숨이 위협을 받는다. 주인공은 기지 안에 남아 있는 물질들을 활용하여 산소를 만들어 낸다. 그리고 식량생산을 위해 인공정원을 만들어 감자를 키운다. 이미 주인공이 식물학자라는 사실이 전제되어 있어 그가 감자를 키워내는 데 관객들은 조금도 의심을 하지 않았을 것이다. 하지만 화성에서 감자 재배가 현재로서는 그렇게 쉬운 일은 아니며 주인공이 갑자기 마주한 상황이 감자 재배에 녹록지 않아 보인다. 주인공이 화성에서 기존 시설을 잘 활용하여 물의 공급,

인공조명, 온도조절, 영양분 제공, 우주 복사선 방호, 인공수분(인공적으로 암술에 꽃가루 전달) 등을 완벽히 했다고 가정하자. 그래도 문제가 되는 것은 화성의 토양이다. 화성의 토양은 감자의 영양분이 되는 성질이 거의 없는 것으로 보이며 심지어 독성을 포함하고 있기도 하다. 이것은 인류가 미래에 화성에 정착하기 위해서는 반드시 해결해야 할 문제이기도 하다.

  영화의 주인공은 화성 생존에 있어 산소·물·식량·전력 부족과 우주 복사선·모래폭풍 등으로 인해 극한의 어려움을 겪고 있다. 그런데 인류는 왜 이렇게 험난한 화성으로 가려고 할까? 미국은 이미 유인 달 탐사를 마쳤고 다시 달 탐사를 위한 아르테미스 계획을 추진하고 있으면서도 말이다. 가장 큰 이유는 우주환경을 고려했을 때 화성 이주가 달보다 훨씬 인류에게 유리하고 도움이 되기 때문이다. 현재 화성의 표면에는 과거 하천으로 인한 골짜기, 삼각주 등 물이 존재했던 흔적이 고스란히 남아 있다. 이러한 환경 분석을 통해 화성에서 물은 남극과 북극의 지표나 지하에 얼어 있을 것으로 추정된다. 만약 얼음이 있다면 이를 녹이고 분해해서 수소 연료나 마실 물로 활용할 수 있다. 또한 화성에는 희박하지만 대기가 있어 비행체를 운영할 수 있다. 2022년에는 인류 최초로 화성에서 헬기를 띄웠고 인류가 다른 행성에서 비행체를 운영한 최초의 사례가 되었다. 화성 대기의 주성분은 이산화탄소로 탄소와 산소를 분리하여 용도에 맞게 사용할 수 있다. 화성은 태양으로부터 지구보다 멀리 떨어져 있어 평균 기온이 영하 60°C로 춥지만 햇빛이 드는 곳은 20°C로 비교적 살만하다. 자전주기는 24시간 37분으로 지구와 거의 유사하다. 반면 달에는 대기가 없고 자전주기도 약 1개월 정도로 길기 때문에 특정 지역에서 낮과 밤이 2주씩 지속됨에 따라 인간의 생체리듬을 맞추기 힘들다. 결론적으로 화성이 달보다 훨씬 먼 곳에 위치하며 알려진 정보도 적지만 대기가 있어 여러모로 인류에게 유리하다는 것이다. 미국의 아르테미스 계획은 21세기 유인 달 탐사와 우주정거장 건설을 목표를 하고 있지만 사실상 화성 탐사의 거점 확보라는 측면도 강하다.

나사 국장 샌더스는 주인공 와트니의 생존을 돕기 위해 보급선을 보내기로 결정하고 직원들에게 '호만 트랜스퍼 윈도우(Homan Transfer Window)'를 잘 고려하라고 지시한다. 통상 지구에서 화성으로 향하는 궤도를 '호만 궤도'라고 부른다. '호만 궤도'는 화성이 지구보다 태양을 중심으로 45° 앞서 있을 때 지구에서 우주선을 출발시키면 가속을 하지 않고 가장 연료를 아끼면서 지구, 태양, 화성이 일직선이 유지될 때 화성에 도착할 수 있게 한다. 이때 9개월보다 적은 비행시간이 소요되며 호만 궤도를 비행할 수 있는 기회는 약 2년 2개월의 주기로 찾아온다. 샌더스의 지시는 이 주기에 적합한 시점을 고려하여 보급선을 발사하라는 의미로 이해하면 된다. 호만 궤도를 이용하여 9개월간 비행 후 화성에 도착하면 통상 1년 반 정도를 체류하고 나서 지구로 다시 출발하게 된다. 이런 경우 지구와 화성 왕복에 3년이 걸리는 셈이다. 반면 민간인 화성 탐사를 추진하고 있는 일론 머스크는 3년이라는 시간을 민간인들이 화성 왕복에 쓰는 것은 신체적, 경제적, 시간적으로 너무 큰 부담이라 판단하고, 추진력이 큰 엔진을 장착하여 호만 궤도가 아닌 가장 짧은 기간에 화성에 도착하는 궤도를 사용하려고 한다. 머스크의 계획에 따르면 화성에는 30일 정도만 머무르게 되고 왕복에는 총 2년이 걸릴 것으로 예상하고 있다.

영화에서 NASA의 보급선 발사 실패로 주인공의 지구생환에는 다시 빨간불이 켜진다. 이때 중국은 자국이 개발한 태양신 로켓을 화성의 주인공을 위해 지원하겠다는 결정을 내린다. 중국이 미국과 정치적 입장보다는 인류의 과학을 발전시키고 인권을 존중하는 차원에서 우주협력을 하겠다는 것이다. 감독의 입장에서 영화의 반전 요소이기도 하지만 자신이 꿈꾸는 이상이기도 할 것이다. 공감의 가치가 국가의 정치적 결정을 변화시킬 수 있다는 희망을 갖게 하는 장면이다. 하지만 국제정치의 현실주의에서는 국가의 목표나 이익을 추구함에 있어 과학의 발전이나 인권이 우선시되기는 어렵다. 특히, 트럼프 행정부의 출범과 함께 촉발된 중국과 전면적인 대립 양상이나 우크라이나 전쟁으로 전 세계가 러시아를 비난하자 푸틴이 국제우주정거장에서 철수하기로 결정한 것은 그 대표적인 예가 되겠다. 영화에서 주인공이 구출될 수 있었던 것은 국제사회의 모든 사람들이 어려움을 참고 협력했기 때문이라는 것을 강대국들이 잘 인식하면 좋겠다.

영화의 마지막 장면에서 주인공이 후배 우주비행사들의 생존교관으로서 우주에서 살아남는 방법을 교육한다. NASA는 인류의 화성 이주 효과와 동시에 생존의 확률을 높이기 위해 2001년 유타주에 화성사막연구소(Mars Desert Research Station)라는 화성기지 견본

주택을 설립했다. 이곳에 참가하는 사람들은 일정 기간 동안 과학 실험과 관측 그리고 장비를 관리하는 기술까지 습득한 뒤 화성기 지에 이주하게 된다. 2층형 건물의 좁은 공간에 7명의 전혀 모르는 남녀가 함께 생활하게 된다. 이런 훈련을 하는 이유는 장기간 화성 체류 기간 중 어려운 상황에 처해졌었을 때 나타나는 심리적 변화 와 갈등을 관찰함과 동시에 현명하게 대처하기 위함이다. 현재까 지 1,000명이 넘는 자원자들이 이곳을 거쳐 갔으며 영화 주인공의 삶을 간접적으로 체험하고 있다. 한편 민간분야에 있어서도 1991 년부터 애리조나 사막에 바이오스피어 2(Biosphere)라는 생태계를 만들어 놓고 생존체험을 제공하게 되었다. 물론 화성이라고 특정 하지 않았지만 미래 지구환경의 변화로 다른 행성으로 이주할 것 을 대비해서 만든 연구 및 주거단지였다. 하지만 잇단 사고와 재난 그리고 장비 사고 등으로 많은 문제점을 남기고 현재는 애리조나 주립대학교가 연구시설로만 활용하고 있다. 이상의 사례에서 보듯 이 화성에서 생존하는 것에 대해 흥미 위주로 접근해서는 안 되며 인류가 신중하고 철저한 준비를 지금부터 차근차근 해나가는 것이 현명한 자세라고 판단된다.

3장

인내의 여정

2001 스페이스 오디세이(2001 : A Space Odyssey)

개봉 : 1968년
감독 : Staley Kubrick
주연 : Keir Duella
배급 : Metro-Goldwyn-
　　　Mayer(미)

미국은 달 분화구에서 수백만 년 동안 묻혀 있
었던 모노리스를 찾아내었고 모노리스는 목성
을 향해 강력한 신호를 방출한다. 이로부터 18
개월 뒤 미국 우주선 '디스커버리 원'에 주인
공 보우만 박사와 폴 박사 그리고 냉동수면 상
태의 3명의 과학자들이 탑승하여 목성으로 우
주임무를 떠난다. 우주선의 통제임무는 HAL
9000이라는 컴퓨터가 담당한다. 어느 날 보우
만 박사와 폴 박사는 HAL 9000에 오류가 발생
하였음을 발견하고 문제가 심각한 경우 연결해
제 할 것을 논의한다. HAL은 우주 승무원들이
자신을 연결해제 할 것에 대비하여 그들을 제
거하기로 결심하는데…….

1968년 큐브릭 감독의 영화「2001 스페이스 오디세이」는 인간이 생각할 수 있는 미래와 우주에 대한 전반적인 이해를 집약적으로 표현한 영화로 21세기에 후속되는 우주 영화들은 이 영화의 아류작으로 평가될 정도이다. 영화는 인류가 모노리스라는 매개체를 통해 유인원에서 진화하고 기술적 발전을 이룬 후 우주여행을 통해 인간의 한계를 넘어선다는 이야기를 뛰어난 영상미를 통해 표현하고 있다. 관객들의 입장에서 영화는 퍼즐과 같은 난해함과 모호함이 있지만 인류의 본질을 이해하고 미래 지향을 생각해 보는 좋은 기회라고 느낄 수 있다. 영화를 구성하고 있는 두 가지 중요한 요소는 모노리스(monolith)라는 존재와 주인공 우주비행사 보우만이 우주에서 겪게 되는 상황이다.

먼저 영화에서 모노리스의 역할을 살펴보고 우리가 그것을 어떤 존재로 이해할 수 있는지를 알아보도록 하겠다. 모노리스는 외형상 검은색의 사각 평면 판이다. 하지만 단순한 판이 아니라 인간의 진화와 발전에서 중요한 역할을 수행한다. 선사 시대에 유인원들이 도구를 사용하도록 영향을 주어 그들이 기술을 발전시킴으로써 문명의 시대가 출현한다. 인류는 문명을 공유하고 발전시켜 마침내 우주여행을 통해 달에 도착하게 된다. 달에 출현한 모노리스는 외계를 향해 신호를 보내는 비콘(신호발사체) 역할을 한다. 즉, 목성으로 상징되는 선진 문명의 외계 생명체의 근거지로 인류가 그들을 만날 수 있을 만큼 생각과 기술이 준비되었다는 것을 알리는 것이다. 인류가 목성 주변에 도착하자 모노리스는 우주의 본질로 접근할 수 있는 스타게이트 역할을 수행하는데 이는 블랙홀(Blackhole)

이나 웜홀(Wormhole)을 상징하는 것으로 이해된다. 블랙홀과 웜홀에 대한 내용은 본 책이 담고 있는 후속 영화 「인터스텔라」에서 자세히 설명하도록 하겠다. 주인공이 스타게이트를 통과하자 스타차일드(Starchild)라는 현 인류보다 한 단계가 발전한 초 인류로 성장하게 된다. 결국 모노리스는 인류가 우리보다 선진 문명의 외계 생명체를 만나거나 그들과 같은 수준으로 성장하는데 길잡이 역할을 수행한다고 볼 수 있다.

한편 영화가 표현하는 모노리스의 역할을 통해 모노리스가 만들어진 목적을 추론해 볼 수도 있다. 모노리스가 정말 선진 문명의 외계 생물체에 의해 만들어졌다면 자신들의 의도를 구현하기 위한 작품으로 판달할 수 있다. 하지만 그들의 의도를 알 수 있는 방법은 현재 없고 단지 우리가 처한 상황과 이해를 바탕으로 생각하는 것만 가능할 것이다. 우리는 이것이 외계 생물체의 '폰 노이만 머신(Von Neumann Machine)'과 같은 존재일 수 있다고 생각한다. 폰 노이만은 미국의 수학자이자 물리학자로 오펜하이머와 함께 맨해튼 프로젝트에도 참여했다. 노이만은 평소 자신의 DNA를 가진 로봇을 복제하는 자가 복제 로봇의 출현 가능성을 주장하였으며 실제 연구를 추진하기도 했다. 노이만의 이론은 AI 발전에 따라 좀 더 실현 가능성이 높아졌으며 모노리스를 그 가능성에 대입할 수 있다. 우리가 위치한 은하계는 지름이 약 10만 광년으로 빛으로 날아가더라도 10만 년을 가야 할 만큼 광활하다. 외계 생물체가 우리가 위치한 은하계에 함께 위치하고 우리를 만나기를 원한다고 가정하더라도 수만 년 생명을 유지하면서 우리에게 날아올 가능성은 낮아 보인다. 그들이 인류와 접촉을 원하거나 메시지를 전하기 위해서는 자신들을 대신하는 로봇이 인류가 있을 곳으로 생각되는 여러 방향으로 우주비행을 하며 인류탐색을 할 가능성이 높다. 하지만 로봇이 비행을 하다가 고장이 나거나 파손될 수 있을 것이며 외계 생물체로부터 다른 지시를 받을 수 있을 것이다. 이 때 로봇이 자가복제를 하면서 머나먼 곳으로 임무를 계속하는 모습을 상상해 볼 수 있는 것이다. 반면 외계 생물체는 존재하지 않거나 존재해도 인류와 접촉할 필요성을 못 느낄 수도 있다. 그런 경우 모노리스는 감독의 생각을 투영한 하나의 상징물로 이해될 수밖에 없다. 인간의 신체적 발달과 기술의 발전을 시대별로 나타내는 기념비이거나 인간의 문명 단계를 구분하는 표식일 것이다.

영화에서 모노리스와 함께 최종목적지까지 우주여행을 진행하는 우주비행사 보우만은 우주선 통제컴퓨터 HAL 9000과 여러 가지 갈등상황을 겪게 되는데 이는 인류의 현재와 미래에 함의하는 바가 크다. HAL은 우주선 승무원들을 살해하려 하고 유일하게 살아남은 주인공에 의해 연결해제가 되어 최후를 맞이하게 된다. 그런데 인간이 만든 HAL이 우주 승무원들을 살해하려 했던 이유는 어디에 있었을까? 그것을 추정해 보면 첫째, 상반된 임무 지침 속에서 발생하는 이해의 불일치이다. HAL에게 입력된 두 가지 임무 지침은 먼저 모노리스가 알려주는 우주탐험의 목표를 반드시 달성해야 한다는 것이다. 다음으로 목표지인 목성에 도달할 때까지 승무원들에게 우주탐험의 목표를 비밀로 해야 한다는 것이다. 이러한 두 가지 지침으로 인해 HAL과 우주 승무원들 간에 의사소통의 문제점이 발생하고 점차 오해가 쌓이게 된다. 둘째, HAL의 결함예측 시스템에 오류가 발생했다. 그러자 우주 승무원들은 HAL의 신뢰성에 의문을 가지게 되고 HAL은 승무원들이 자칫 자신에게 손을 댈 수 있다고 판단하면서 임무성공에 우주 승무원들이 장애물이 될 수 있다는 생각을 하게 된다. 셋째, HAL의 임무 우선순위 프로그래밍이다. HAL에게 임무 프로그래밍을 할 때 인간을 보호하는 것보다 임무의 성공에 우선순위를 두었다. 상황을 지켜보던 HAL은 주인공 보우만과 폴이 HAL의 연결해제 가능성을 얘기하자 자신이 연결해제 되어 임무가 실패할 것이라 단정한다. 선제적으로 위험의 가능성을 제거하기 위해 우주 승무원들을 살해하기로 결심한다. 이런 HAL의 이야기는 최근에도 영화의 소재로 등장한 바가 있다. 2019년에 개봉된 「터미네이터(Terminator : Dark Fate)」에는 군에서 개발한 인공지능의 네트워크 '스카이넷(Skynet)'이 스스로 생각할 수 있는 자의식을 갖게 되면서 동일한 문제가 발생한다. 관리자들은 인공지능이 자의식을 갖게 된 사실을 알고 제거하려 하자 '스카이넷'은 자신의 방어 작전에 돌입한다. 자신을 제거하려는 인류를 멸망시키기로 결심하고 자신이 통제할 수 있는 모든 핵무기를 인류에게 발사한 것이다. 영화의 시공간이 달라지긴 했어도 인공지능이 자신을 보호하기 위해 자신을 있게 한 인간을 공격하는 모순적 상황이 동시에 연출된 것이다.

영화에서 제기하고 있는 HAL의 문제점은 AI가 발전하면서 점차 많은 사람들의 논쟁거리가 되었다. 가장 대표적인 것이 2017년 페이스북의 창업자인 마크 저크버그와 테슬라 및 스페이스 엑스의 창업주인 일론 머스크의 논쟁이다. 저크버그는 AI가 인류에게 막대한 부와 번영을 안겨줄 것이라고 단언하였지만 머스크는 AI가 어느 정도의 수준에 도달하면 인간의 기대를 져버릴 것이라고 주장하였다. 여론은 어느 한쪽의 편을 들어주지 않고 다소 관망적인 입장을 유지하였다. 잠잠했던 논쟁이 ChatGpt의 개발과 함께 다시 불붙게 되었다. 2023년 ChatGpt의 아버지이자 OpenAI의 CEO인 알트먼은 이사회에 의해 해고되었는데 AI 안정성 문제를 중시하지 않았다는 것도 하나의 이유였다. 알트먼은 AI 발전을 위해 공개적인 연구와 협력을 OpenAI의 공동 창업자인 일론 머스크는 잠재적인 위험을 예방하기 위한 정부의 강력한 규제정책이 우선되어야 함을 강조하였다. 두 사람 간의 입장 차는 분명했으며 여론은 갑론을박을 이어갔다. 그러나 해고되었던 알트먼이 OpenAI CEO로 복귀하고 머스크가 보유한 주식이 폭락하는 등 여론은 알트먼의 손을 들어주었다. 비록 단기적인 관점에서 알트먼이 승리했지만 장기적인 관점에서 머스크의 생각이 중요해 보이며 지금부터라도 AI 발전에 따른 보완책을 마련하는 데 모두가 집중해야 할 필요가 있다.

한편 영화는 장거리 우주여행의 문제점도 제시한다. HAL 9000이 목성으로 가기 위해 냉동 상태로 잠들어 있는 과학자들의 캡슐 전원을 차단하여 살해하게 된다. 승무원들이 얼마나 소요될지 모를 긴 여행을 이어가기 위해서 냉동수면 상태를 유지하는데 이것이 현재까지 인간들이 생각해 낸 최상의 방책이다. 하지만 냉동수면이 현실적으로 가능한 방법일까? 우리는 겨울철에 연못을 가보면 얼음 밑으로 물고기들이 꼼짝도 하지 않고 있는 것을 볼 수 있다. 그러다가 봄날 해동이 되면 다시 헤엄을 치기 시작한다. 그러다 보니 인간도 신체가 동결되었다가 다시 해동되면 되지 않을까 하는 생각을 하게 되는 것이다. 하지만 물고기와 인간은 매우 큰 차이가 있다. 물고기는 혈중 포도당이 충분하여 얼음 속에 갇혀도 피가 액체 상태로 유지되며 기초대사가 가능하다. 반면 인간이 물고기처럼 견디기 위해 혈중 포도당을 높이면 독성이 너무 강해져 사망하게 된다. 따라서 인류는 냉동수면 비행을 위해 빙점이 낮아져도 인간의 모든 세포가 손상되지 않도록 하는 실험을 하고 있지만 현재까지 별다른 진전은 없다. 설사 냉동수면 상태 유지와 복원이 가능하더라도 우주선의 전력손실이나 사고가 발생하는 경우 이를 감독 및 조치할 사람이 없다면 방안으로 채택하기도 어려운 것이다. 결론적으로 영화가 60년이라는 시간이 지났지만 기본적으로 현재 우리의 사고흐름과 문제해결 방식에서 크게 차이가 없다는 점에서 시대를 앞서간 영화라는 평가는 당연해 보인다.

영화 「그래비티(Gravity)」와 「인터스텔라(Interstella)」는 인간이 우주환경에서 실제 겪게 되는 중력의 의미를 영화의 소재로 삼았다는 공통점이 있다. 다만 각각의 영화가 표현하고자 하는 중력의 의미는 다르며 이로 인해 영화의 주제와 전개방향은 완전히 달라진다. 영화 「그래비티」는 우주비행사인 여주인공의 생존의지의 지향점, 즉, 지구 중심으로 끌리는 중력에 초점이 있다. 그러다 보니 지구 반대에 펼쳐진 광활한 우주는 어딘지도 모를 공간으로 사라진 선장 코왈스키와 고장 난 우주선 및 우주정거장이 널려 있는 컴컴한 무중력의 세계로 묘사된다. 다만, 여기서 무중력이라는 것을 무

그래비티(Gravity)

DON'T LET GO

SANDRA
BULLOCK
GEORGE
CLOONEY

GRAVITY

10.4.13

개봉 : 2013년
감독 : Alfonso Cuaron
주연 : Sandra Bullock
배급 : Warner Bros.
　　　 Pictures(국제)

코왈스키는 우주왕복선 익스플로러의 선장이며 스톤 박사는 궤도에 있는 허블 망원경을 업그레이드하기 위해 우주왕복선에 동승하였다. 한편 러시아는 스파이 위성을 파괴하였고 이로 인한 대규모 우주파편이 발생하자 미 휴스턴 지휘소는 익스플로러의 지구귀환을 명령한다. 하지만 우주파편은 익스플로러와 충돌하고 스톤 박사는 우주로 날려간다. 코왈스키는 MMU 장비를 이용하여 스톤 박사를 구하게 되고 생환을 위해 국제우주정거장으로 이동하게 된다. 하지만 국제우주정거장의 소유즈 우주선은 이미 사용 불가능한 상태이다. 이를 둘러보던 스톤 박사는 태양광 패널에 걸쳐진 낙하산 줄로 인해 위험한 상황에 처하게 되고 코왈스키의 도움으로 살아나지만 오히려 코왈스키는 우주 미아가 된다. 이때부터 혼자 살아남은 스톤 박사의 지구생환을 위한 험난한 여정이 시작되는데…….

조건 중력이 없다고 이해해서는 안 된다는 점을 강조하고 싶다. 우주비행사들이 지구궤도에 위치한 우주정거장에서 경험하는 자유유영은 '0 중력(zero gravity)' 상태의 움직임이다. 달리 표현하면 일정 중력은 존재하지만 우주정거장과 우주비행사가 같은 속도로 자유낙하 함에 따라 우주비행사가 중력에 의한 무게감을 느끼지 못하는 상태라는 것이다. 우주비행사의 사전훈련이나 우주 영화를 촬영할 때 '0 중력'을 느낄 수 있도록 통상 KC-135 항공기를 일정고도까지 상승한 뒤 시동을 끄고 자유낙하를 시작한다. 그러면 우주

인터스텔라(Interstella)

2067년 인류는 자연의 대재앙으로 극심한 기근에 시달린다. NASA의 브랜드 박사는 새로운 인류의 생존 행성을 찾기 위해 노력하고 우주탐사팀 일원으로 주인공 쿠퍼를 추천한다. 쿠퍼는 딸 머프와 아들 톰의 미래를 위해 머프의 반대도 불구하고 우주탐사 참여를 결정하게 되고 팀은 브랜드 박사의 딸 어밀리를 포함하여 4명으로 구성된다. 그들은 첫 목적 행성인 갈란투아에 도착하지만 해일로 인해 팀원 도일이 사망하고 지구 시간으로 23년을 소모하게 된다. 성인으로 성장한 머프는 브랜드 박사의 연구를 지원하게 된다. 그러나 브랜드가 임종하면서 쿠퍼가 돌아올 수 없는 길을 떠났다는 사실을 머프에게 설명하는데……

개봉 : 2014년
감독 : Christopher Nolan
주연 : Mathew
 McConaughey
배급 : Warner Bros.
 Pictures(국제)

비행사나 영화 촬영진은 우주에서 발생하는 현상을 생생하게 체험할 수 있다. 다만 약 30초 이내에서 자유낙하를 한 뒤 다시 시동을 걸고 재상승하여 동일한 실험을 반복하는데 그 이유는 항공기 엔진의 터빈이 완전히 멈춘 상태에서는 항공기 재시동, 항공기 조종 및 강하회복 등이 정상적으로 안 될 가능성이 높기 때문이다. 필자의 경우 전투기 비행규정 때문에 시동을 끄고 자유낙하를 해본 적은 없다. 그렇지만 항공기가 시동이 걸린 상태에서 조종간을 순간적으로 급격히 눌러 0G와 −G를 걸어보면 0G에서는 엉덩이가 좌석에서 살짝 뜨는 느낌이 들며 −G를 걸면 조종석 내 모든 물건들이 공중으로 치솟아 오른다. 무중력 상황을 체감할 수 있으며 종종 속이 불편해지기도 한다. 반면 'No 중력(No Gravity)'은 말 그대로 중력이 존재하지 않는 것이다. 중력이 존재하지 않는 곳은 우주에 없는 것으로 알려져 있으며 결국 지구로부터 아무리 먼 곳이라도 약간의 중력은 존재한다는 것이다. 다만 우주에 대한 이론적 발전과 논의를 위해 'No 중력'의 개념은 인정되고 있다.

영화 「그래비티」에서 주인공이 위기에 처한 중요한 원인은 우주의 파편(Debris)에 의한 공중충돌이다. 우주 쓰레기라고도 불리 우는 우주파편은 우주선, 인공위성, 우주정거장의 안전에 가장 큰 장애 요소이다. 따라서 우주파편에 대한 현실적 대응책은 반드시 필요하며 국제사회는 다음과 같은 노력을 하고 있다. 첫째, 우주파편을 '보고 피하기(See & Avoid)' 위한 협조이다. 미 우주탐색네트워크(SSN : Space Surveillance Network)과 유럽우주국(ESA : European Space Agency) 등과 같은 기구에서는 레이더 및 광학센서를 이용하여 궤도상에 위치하거나 근접한 파편을 지속적으로 감시하고 추적하고 있다. 또한 해당 기관에서는 수집한 우주파편 관련 정보를 전 세계 인공위성 운영국가나 관련 기관과 공유하고, 함께 충돌 가능성을 예측하거나 최적의 회피방안을 마련하게 된다. 실제 우주파편에 의한 충돌이 예상되는 경우에는 가장 가깝게 근접하는 지점 및 예상시간을 판단하고, 선제적으로 위성의 궤도를 수정하거나 우주정거장 등의 구조물에 다층의 충격 방호막인 '휘플 차폐막(Whipple Shield)'을 설치하기도 한다. 둘째는 우주파편의 발생을 예방하기 위한 노력이다. 우선 인공위성이 운용주기가 끝나면 스스로 궤도를 이탈하여 대기권에 진입하도록 설계에 반영을 추진 중이다. 통상 25년의 위성 임무 기간이 종료되면 자동적으로 대기권으로 진입하여 자동 연소되는 것이다. 이를 체계적으로 보완하기 위해서 국제사회는 '우주임무(Space Mission)' 정의(definition) 자체를 우주선의 안전한 분해까지를 포함하는 것으로 재협의하고 있다. 안전한 분해에는 우주선이나 인공위성이 무덤 궤도(Graveyard Orbit)에 진입하는 것도 포함된다. 셋째, 국제적 기술개발 및 협력을 강화하는 것이다. 국제우주쓰레기조정위원회(IADC : Inter-Agency Space Debris Coordination Committee)에서는 우주발사체의 정상임무나 발사 단계에서 우주파편 발생이 최소화될 수 있는 설계와 위성이 임무 종료 후 폭발되는 경우를 예방하기 위한 잔여 연료 및 에너지원의 완전 소모 지침까지 하달하였다. 유엔우주공간평화이용위원회(COPUOS : United Nations Committee of Outer Space)는 우주파편의 관련 기준과 절차를 수립하여 각국과 기관들이 이행할 수 있도록 유도하고 있으며, 유럽우주국(ESA)은 '우주 청결-1 임무 프로젝트(Clear Space-1 Mission Project)'를 통해 세계 각국들과 우주파편 제거기술의 발전을 도모하고 있다. 동시에 각 위원회와 우주산업분야에서는 실제 우주에서 파편을 제거하는 장비로서 파편수거 로봇팔, 우주구조물에 수거망 설치, 파편수거용 우주선, 하푼(Harpoon) 시스템(위성에 장착된 하푼을 발사하여 파편을 포집한 후 위성으로 가져오는 방식) 등의 개발 및 생산에 박차를 가하고 있다.

영화에서 주인공 스톤 박사는 국제우주정거장에서 화재로 또 한 번의 생존위기를 맞게 된다. 영화의 화재장면은 우주에서 불이 난

상황을 잘 표현하고 있지만 영화의 극적 요소를 위해 약간 과장된 부분도 있어 보인다. 우주정거장 밖에서 화재가 발생하기는 어렵겠지만 우주정거장 안에서는 산소가 존재하므로 얼마든지 화재 발생이 가능하다. 다만 우리가 가지고 있는 지구의 화재 개념 및 이미지와는 차이가 있다. 지구에서는 공기의 대류현상으로 뜨거운 공기는 위로 올라가고 차가운 공기는 내려오면서 불이 활활 솟구쳐오른다. 반면 우주에서는 대류현상이 존재하지 않아 불은 둥근 원형의 형태를 띠며 매우 천천히 확산된다. 우주정거장의 내부 화재현장에 인화성 물질과 고압농축 산소가 있다면 폭발의 가능성은 있지만 우주정거장의 자체 환경과 설치된 안전장치 등으로 인해 폭발로 이어질 가능성은 크게 높지 않다. 또한 스톤 박사가 CO_2 소화기로 대응하는 것처럼 우주비행사들은 화재에 대비한 철저한 훈련이 되어 있다.

영화 「인터스텔라」는 「그래비티」와 달리 광활한 우주 공간에서 발생하는 다양한 사건에 중점을 두고 있다. 따라서 우주에서 적용되는 과학적 원리와 배경의 이해가 선행되지 않으면 내용에 공감하기가 쉽지 않다. 먼저 주인공의 딸이 주인공보다 먼저 자연사하는 상황에 대한 설명이다. 아인슈타인은 특수 상대성 이론을 수립하는 과정에서 실험을 통해 빛의 속력은 모든 기준계에서 같다는 사실과 한 기준계에서 측정한 시공간은 다른 기준계의 것으로 변환될 수 있다는 것을 증명했다. 즉, 어떤 물체를 한 관측자가 떨어진 곳에서 보고 있는데 그 물체가 아주 빠른 속력으로 움직이면 관측자는 그 물체를 원래 길이보다 짧게 인식하게 된다. 이런 현상을

'로렌츠 수축(Lorenz Contraction)'이라고 한다. 따라서 해당 물체에 있어 시간은 관측자의 시간보다 훨씬 더 천천히 흐르게 되는 이른바 시간 지연(Time dilation) 효과가 발생한다. 만약 인간이 빛의 90%에 가까운 속력의 우주선을 만들게 되면 그 우주선의 시간 흐름은 지구에서 그 우주선을 바라보고 있는 사람들보다 반으로 줄어들게 된다. 주인공이 30살에 우주여행을 떠나 60살에 지구에 돌아오면 10살이던 딸은 70살이 되어 있는 것이다(우주선의 속력이 광속에 더 가까우면 더 많은 나이 차이가 발생).

다음으로 주인공이 지구로 귀환하기 위해 웜홀(Wormhole)을 통과하는 장면이 나온다. 웜홀을 이해하기 위해서는 블랙홀(Blackhole)의 이해가 먼저 될 필요가 있다. 블랙홀이란 무엇인가? 별은 자신이 방출한 빛을 자신을 향해 끌어당긴다. 만약 별의 중력이 너무 강하다면 그 별에서 나온 빛과 물질이 그 밖으로 탈출할 수 없을 수 있다. 그렇게 되면 별은 그곳에 있지만 밖에서는 그 별이 보이지 않는다. 이러한 별을 블랙홀이라 부른다. 빛과 물질이 그 속으로 들어갈 수는 있지만 그 안에서 아무것도 나올 수 없게 되는 것이다. 과거 과학자들은 블랙홀이 정적이면서 무한대의 중력을 행사한다고 생각했다. 반면 지금까지 발견된 모든 블랙홀은 매우 빠른 속도로 자전하고 있다고 알려져 있다. 또한 1963년 뉴질랜드 수학자 로이 커는 블랙홀의 회전속도가 충분히 빠르면 하나의 점으로 수축되지 않고 회전하는 고리가 될 수 있다는 점을 발견하였고, 블랙홀의 강한 원심력이 수축을 막아주기 때문에 고리 모양이 안정적으로 유지된다고 설명하였다.

「인터스텔라」에서는 웜홀에 대한 모습을 영화장면으로 근사하게 연출했다. 우주선이 블랙홀에 접근할 때 커다란 원형이 나타난다. 이것은 블랙홀의 경계면으로 사건지평선(Event Horizon)이라고 부르며 빛과 물체가 한 번 들어가면 다시는 나올 수 없게 되는 입구이다. 사건지평선 내부에는 밀도가 엄청나게 크면서 강력한 중력을 만들어 내는 블랙홀이 자리 잡고 있다. 영화에서 주인공은 로이 커가 얘기한 바처럼 강력하게 회전하는 고리형 블랙홀을 통과하면서 시간과 공간의 엄청난 왜곡을 온몸으로 겪는 것처럼 묘사된다. 아무도 블랙홀에 들어가 보지 않았기 때문에 이것의 사실 여부를 말할 수는 없다. 다만 수백 억 년 전에 웜홀의 중력에 끌려 들어왔던 빛이나 물체의 모습을 우리가 볼 가능성을 생각해 볼 수 있다. 최악의 경우 들어간 우주선이 블랙홀의 강력한 힘에 의해 분쇄되는 비극이 발생할 수도 있을 것이다. 과학자들은 블랙홀의 중심에서 시공간이 분리되면서 이로 인한 공간의 통로인 웜홀이 생성될 수 있다고 보는 것이다. 이 개념은 1935년 아인슈타인과 그의 제자 네이선 로젠이 최초로 제기하였으며 '아인슈타인-로젠 다리(Einstein-Rosen Bridge)'로 알려지게 되었다. 그렇다면 웜홀에 진입하여 블랙홀을 통과한 우주선은 그 뒤 어떻게 되는 것일까? 이 또한 증명할 수 없지만 화이트홀(Whitehole)을 통해 평행우주로 빠져나가게 될 것이라고 과학자들은 생각한다. 영화에서도 주인공이 화이트홀을 빠져나와 자신의 집으로 돌아오게 된다. 이후 딸을 보게 되지만 다가갈 수 없는 공간의 막이 존재하고 이것에 절망하게 된다. 그것은 왜 그럴까? 그것은 끈 이론(String Theory)에 의해서만 설명될 수 있는 장면이다. 우리는 통상 우주의 시공간을 4차원으로 판단하지만 끈 이론은 우주의 시공간을 10차원으로 설명하기 때문이다. 기존의 4차원 이외 6차원이 '칼라비–야우(Calabi-Yau)' 방식으로 매우 작은 공간에 접혀 들어 있다고 보는 것이다. 영화에서 주인공은 다른 차원의 공간에서 딸에게 지속적으로 신호를 보내게 되는데 딸이 어린 시절에는 그 신호를 유령이 자신에게 말을 걸어온다고 생각했지만 성인에 된 지금은 아빠 신호의 의미를 정확히 이해하게 된다.

　필자는 우리가 선뜻 이해하기 쉽지 않은 과학지식을 배경으로 하고 있는 영화 「인터스텔라」의 장면들을 보면서 우리가 당연하게 생각하는 것에 대한 설명도 가끔 어려울 때가 있음을 떠올리게 되었다. 영화에서 주인공이 우주정거장에 도킹을 위해 우주선 조종을 하면서 "우로(Starboard), 좌로(Port)"라는 말을 한다. 한국 조종사나 관제사에게 왜 우측이나 좌측으로 선회를 지시하는 용어가 'Starboard'와 'Port'인지 물으면 답을 할 수 있는 사람이 많지 않을 것으로 본다. 그것은 너무 익숙하고 '왜'라는 질문을 던져본 적이 없는 단어이기 때문일 것이다. 필자가 2003년 비행단 작전과장을 하고 있을 당시 대통령께서 지역순시를 위해 비행단을 들르셨고 단장은 기지 운항실에서 기상 브리핑을 실시하였다. 당일 날씨는 구름 한 점 없었고 시정도 좋아 항공 기상용어인 "No cloud 7mile Clear."라고 보고를 드렸다. 그러자 특유의 경상도 사투리로 "왜 7mile Clear죠?"라고 질문을 던졌다. 한순간 좌중이 조용해졌고 찬 기운마저 감돌았다. 그러자 대통령께서 웃으시면서 "시정이 제일 좋은 게 7mile Clear, 잘 알았습니다."라고 말한 뒤 자리에서 일어나셨다. 사실 왜 7mile이 최고의 시정수치인

지에 대한 정확한 기원은 없다. 오래전 과거에는 저명한 지형지물이 어떻게 보이는지를 두고 시정이 좋은지 나쁜지를 판단했다. 20세기 들어 좀 더 수치에 의한 기상예보가 필요하게 되자 안개, 비, 황사, 연기 등의 장애가 없는 상태에서 육안으로 확인할 수 있는 거리 7mile을 최고 시정 참조 거리로 설정한 것이다. 시력이 좋은 사람은 공중에서 수십 mile 밖의 물체를 보기도 하지만 많은 사람들이 참조 거리 기준을 먼 거리까지 설정해야할 필요성을 느끼지 못한 것이다. 반면 대통령의 방문 이후로 필자는 당연하게 생각되는 개념과 의미도 그 유래를 찾아보는 습관이 생겼다. 참고로 좌로(좌현)라는 의미의 'Port'는 항구에 화물을 적재하거나 하역할 때 배를 접안하는 측면, 왼쪽에서 유래했다. 우로(우현)라는 의미의 'Starboard'는 고대 영어 'Steer(조정)'과 'Bord(측면)'의 복합어로 배를 조정하는 키가 우측에 있어 우측이 되었다고 한다. 또한 바이킹의 경우 우측에 있는 노(Oar)를 우측 키의 기능으로 활용했다는 것에서 유래를 찾기도 한다.

콘택트(Contact)

개봉 : 1997년
감독 : Robert Zemeckis
주연 : Jodie Foster
배급 : Warner Bros.(미)

주인공 애로웨이 박사는 외계 생명체로부터 전파를 수신하기 위해 푸에토리코에서 SETI 프로그램을 수행하고 있다. 시간이 흘러 SETI 프로그램이 종료될 시기가 된 어느 날 애로웨이는 베가행성에서 발신한 숫자 형태의 신호를 접수한다. 이후 세계 각국은 이 사실을 알게 되고 미국은 신호를 통해 접수한 기술정보를 바탕으로 한 명을 베가 행성으로 보낼 수 있는 기계장치를 케네디 우주센터에 마련한다. 애로웨이는 탑승을 희망했으나 신을 믿지 않는다는 이유로 탈락하게 된다. 낙담한 애로웨이는 1대의 기계장치 여분이 있다는 사실을 알게 되고 다시 베가행성으로 시공간 여행을 할 기회를 잡게 되는데……

영화 「콘택트(Contact)」와 영화 「컨택트(Arrival)」는 제목에서부터 많은 공통점을 가진 영화이다. 인류와 외계 생명체의 최초 접촉이라는 공통 주제를 통해 인류가 어떤 방식으로 그들과 소통해 나가는지를 영화에 담았다. 또한 여자 주인공들이 전반적인 내용 전개의 중심에 서며 외계인들과의 소통을 담당한다. 하지만 각각의 영화가 지향하는 철학적 질문과 과학적 접근 방식에 있어서는 상당한 차이를 보인다.

먼저 1997년에 개봉된 영화 「콘택트」는 외계 생명체가 송신한

컨택트(Arrival)

개봉 : 2016년
감독 : Denis Villeneuve
주연 : Amy Adams
배급 : Paramount
Pictures(미)

지구 도처에 12기의 외계우주선이 출현하고 각국은 이를 감시하고 연구하기 위해 군대와 과학자들을 파견한다. 미 육군 웨버 대령은 언어학자 뱅크스와 과학자 도넬리를 몬태나주로 부른다. 뱅크스와 도넬리는 헵타포드로 불리는 외계인들을 만나게 되고 그들은 원형의 표의문자를 사용한다. 뱅크스가 외계인들이 지구에 온 이유를 묻자 그들은 '무기제공'이란 의미의 문장을 전달한다. 중국은 이것을 '무기사용'이라고 이해하면서 외계인과 대화를 중단하려 하자 뱅크스는 그런 의미가 아니라고 반박한다. 뱅크스와 도넬리는 누군가 몬태나의 우주선에 폭탄을 설치한 것을 모르고 다시 탑승을 하게 되는데……

라디오 신호를 통해 그들을 만날 수 있는 장치를 만들게 되고, 주인공이 장치가 형성한 웜홀을 통해 그들과 만나게 된다는 이야기를 전하고 있다. 영화의 모티브는 미국이 1960년대부터 추진해 온 외계지적생명체탐사(SETI : Search for Extraterrestrial Intelligence) 프로그램이다. 주인공의 이야기는 실제 SETI 연구소에서 근무한 천문학자 질 타터 박사에게서 많은 영향을 받은 것으로 알려져 있다. SETI의 가장 중요한 활동은 대형 전파망원경을 이용하여 우주에서 날아온 모든 신호들을 수집하고 의미 있는 내용을 선별 및 저장하는 것이다. 영화에서 주인공은 뉴멕시코주에 위치한 대형 전파망원경(VLA :

Very Large Array)을 통해 임무를 수행한다. 실제 SETI 연구를 위해 이 망원경들이 사용되었다. NASA도 1988년 야심차게 SETI 프로그램을 추진하였으나 의회에서 예산낭비라는 지적이 제기되어 1993년 임무가 중단되었다. 그 이후부터 SETI 연구는 민간의 지원에 크게 의존하고 있으며, 현재는 샌프란시스코 북동쪽 480km 떨어진 지점에 설치된 42개의 앨런 전파망원경(ATA : Allen Telescope Array) 등이 주로 SETI 임무에 활용되고 있다. 이 시설은 마이크로소프트의 공동설립자인 폴 앨런을 비롯한 많은 독지가들의 기금으로 마련되어 운영되고 있다. 2015년에는 억만장자 유리 미르너의 지원으로 '브레이크쓰루 리슨 이니시어티브(Breakthrough Listen Initiative)'가 새롭게 출범하였다. 이것을 통해 SETI는 세계에서 가장 강력한 전파망원경을 보유하게 되었고 지구 주변의 수백만 개의 행성과 100개의 은하계로부터 날아오는 대부분의 신호를 탐색할 수 있게 되었다. 이런 노력에도 불구하고 지금까지 과학적으로 증명된 외계지적생명체로부터 신호는 없었다. 신호가 실제 없는 것인지 아니면 우리가 판단하지 못하는 것인지 그 자체도 알 수 없다. 다만 이것이 미래를 꿈꾸며 현재를 살아가는 인류의 가장 솔직한 모습이라 생각된다.

영화 「콘택트」가 던지는 질문 중에 중요한 한 가지는 과학적 사실 추구와 종교적 믿음이 충돌하는 경우 이를 어떤 방식으로 이해하고 해결해야 할 것인가이다. 주인공이 베가 행성으로 가기 위한 최초 기계장치 탑승요원을 선발하는 과정에서 탈락한 이유는 선발위원이 신을 믿는지에 대한 질문에 즉답을 하지 못한 것이 가장 크다. 관객들 중에는 이 장면이 마치 코페르니쿠스의 종교재판과 같다는 인상을 받을 수도 있을 것이다. 반면 다른 관객은 지구의 대부분의 사람들은 어떤 형태로든지 종교 형태의 믿음을 가지고 있는데 무신론자가 인류의 대표가 될 수 없다는 것에 대해 공감하기도 할 것이다. 현재까지 인간이 과학적으로 파악한 우주는 특정질서에 의해 전체가 움직이는 것으로 이해되지만 그 질서가 무엇인지 정확히 모른다는 것이 보편적 판단이다. 그렇다면 여기에 입각해 볼 때 수천 년 동안 인간이 믿음으로 지켜온 것에 대해 과학적 증명도 없이 아니라고 하는 것은 부당할 수도 있는 것이다. 또한 현재 그런 믿음을 가지고 있는 사람들의 행복을 빼앗는 것일 수도 있다. 따라서 가장 우선적으로 해야 할 일은 상호 입장 차로 인한 충돌을 막는 것이다. 그다음 단계에서는 영화에서 팔머가 주인공에게 전해주고 주인공이 받아들이는 '나침반'의 의미를 되새기는 것이다. 나침반을 주고받은 것은 진실을 추구하는 데 서로가 동의한다는 의미이다. 진실을 추구하기 위해서는 양측의 공개적인 토론과 협의를 거쳐 공통의 이해를 쌓아가는 것이 무엇보다 중요하며, 이를 위해서 이미 알려지고 확인된 과학적 사실은 모두가 이해할 수 있는 방식으로 소통되어야 할 것이다.

반면 2016년에 개봉된 영화 「컨택트」는 외계인이 우리를 찾아오면서 발생하는 이야기를 다루고 있다. 외계인들은 다리가 7개인 헵타포드(Heptapod)라는 모습을 보여주고 자신들의 언어로 우리와 대화를 시도한다. 이러한 모습은 1997년 개봉된 「콘택트」에서 그려진 외계인들이 지구인에게 자신들의 모습을 보여주지 않으면서 지구인들의 언어로 그들의 생각을 전달한 것과는 많은 차이가 있다. 영화 「컨택트」는 외계인들의 의사소통과 사고방식을 언어학자의 눈을 통해 관객들의 이해를 유도하고 있다. 주인공은 '사피르-훠프의 가설(Sapir-Whorf Hypothesis)'을 바탕으로 외계인의 언어에 대한 이해를 쌓아간다. '사피르-훠프의 가설'은 언어의 구조가 언어를 사용하는 사람들의 이해와 인식에 영향을 미치게 되며 결국 언어가 다른 경우 동일한 세상을 다른 생각과 인식으로 접근하게 된다는 논리이다. 반면 언어학자 노암 촘스키는 모든 인간의 언어는 공통의 중요한 구조를 가지고 있다고 강조하며, 스티븐 핑커는 인간의 사고는 많은 부분에 있어 언어와 별개의 것이라는 주장을 펼치고 있다. 언어와 인식에 관련된 입장은 언어학자들에 따라 다양하며 여전히 논쟁거리가 되고 있다. 다만 필자의 입장에서 작가와 감독이 인류가 아닌 선진 문명을 보유한 외계인들의 언어를 인류가 해독해 내는 과정을 자연스럽고 흥미롭게 표현하기 위해서는 사피르-훠프의 가설이 적합하고 필요했을 것으로 판단한다.

언어학자인 주인공은 헵타포드의 언어가 원형의 형상 구조와 그 배열을 통해 의미를 전달한다는 것에 기초하여 메시지 분석을 시작하며, 그들의 언어에 시간 및 공간의 인식이 함께 포함되어 있다는 것도 알게 된다. 그렇다면 그들의 언어가 가지고 있는 시간의 인식은 어떠한 것인가? 인간은 사고의 흐름을 과거, 현재, 미래의 순으로 이어간다. 시점에 상관없이 앞 단계에서 발생한 것이 원인이 되고 다음 단계에서 앞의 원인에 의한 결과를 발생하게 된다. 하지만 원형으로 표현되는 헵타포드의 언어에서는 시간은 선형적인 흐

하늘 영화로 하늘을 보다

름이 아닌 과거, 현재, 미래가 동시에 인식되는 것이다. 이러한 시간의 인식은 선형적 시간의 인식과는 현격한 이해의 차이를 가져오며 정확한 의미를 판단하기 어렵다. 그러나 이러한 비선형적 시간 인식체계는 우리의 현대 과학의 이론과도 일부 맥락을 같이하고 있음에 주목해야 한다. 아인슈타인은 상대성 이론에서 시간은 절대적인 것이 아니며 중력이나 속력에 의해 영향을 받을 수 있다고 주장하였다. 그 말은 중력이나 속력에 의해 미래와 과거가 영향을 받을 수 있음을 의미하는 것이다.

이런 헵타포드의 언어를 이해하면서 주인공의 인식 흐름도 이것에 보조를 맞추게 된다. 미래를 기억하고 과거를 미래에 구현하며 하나의 단어로서도 큰 의미를 알 수 있고 큰 의미는 단순한 단어와 다를 바가 없기도 하다. 이런 인식 과정을 통해 주인공은 자신의 미래의 슬픔과 즐거움을 미리 알게 되지만 거부나 변경의 시도 없이 받아들이기로 결정한다. 여기서 관객들은 주인공의 운명론적 관점을 어떻게 이해해야 하는 것인지 의문이 생길 수 있을 것이다. 또한 종교를 믿고 있는 경우에는 영화를 통해 표현되는 운명론과 예정설을 불편하게 받아들일 수도 있을 것이다. 필자는 감독이 주인공의 운명론적 관점과 자유의 의지가 상충되는 것이 아니라 상호보완적인 관계로 표현했다고 이해한다. 미래에 발생하는 일에 대해 주인공이 무기력한 주체가 아니라 확실한 의지의 주체로서 받아들이며, 마음의 준비를 통해 발생하는 어려움과 슬픔을 현명하게 대처하겠다는 것으로 이해할 수 있다. 이런 경우 인간이 아무것도 할 수 없다는 운명론의 고정관념에 인간의 의지가 개입되는 새로운 입장이 형성될 수 있는 것이다. 한편 헵타포드 언어의 시간 인식은 선형적 시간 인식체계에 살고 있는 우리에게 함의하는 바가 많다고 본다. 필자가 본 책자를 통해 일관되게 주장하고 있는 것처럼 여러 인식은 서로 존중되어야하고 헵타포드의 인식처럼 보다 종합적이고 균형적인 인식을 가졌으면 하는 것이다. 특히 한국 정치에 있어 특정 세력은 현재를 살면서 과거만 집착하다 보니 제사가 가장 중요한 일이 되었으며 미래 발전에 대한 생각은 너무 부족하게 되었다. 또 다른 세력은 미래를 향해 나아가는 데 과거가 무슨 의미가 있느냐고 일축함으로써 미래를 향한 진정한 출발에 흠결을 주기도 한다.

우리는 외계인을 본 적이 없지만 은하수에 존재하는 지구형 행성이 200억 개가 넘는다고 하니 다양한 외계인이 존재할 가능성을 배제할 수 없다. 또한 있다고 해도 그들이 우리에게 도움이 될지 여부는 알 수 없다. 호킹 박사는 아메리카 인디언들이 크리스토퍼 콜럼버스를 만난 사건을 언급하며 외계 생명체를 만나서 좋지 않은 일이 발생할 수 있음을 경고하였다. 호킹 박사의 말처럼 안 좋은 일이 일어날 수도 있지만 반대로 좋은 일이 있을 수도 있다. 필자는 1997년 영화 「콘택트」와 2016년 「컨택트」는 공히 먼저 그들이 뭐라고 그러는지는 이해해야 그들이 선한 존재일 때는 기쁨이 배가될 것이고 아닌 경우에는 피해를 최소화할 수 있다는 메시지를 담고 있다고 평가한다.

인류의 하늘을 향한 도전의 역사는 이카로스가 뿌린 희망의 씨앗이 자라나서 꽃을 피우고 그 꽃이 영원할 수 있도록 머나먼 우주를 탐색하고 있다. 그동안 영화로 표현되었던 인류의 노력을 짧은 지면으로나마 독자들과 함께 살펴볼 수 있었다는 점에 대해 감사하게 생각한다. 본 책을 통해 지속적으로 독자들에게 전달하고자 했던 메시지는 홍상수 감독의 2015년 작품「지금은 맞고 그때는 틀리다」에서 출발하고 있다. 작품의 본질은 두 남녀의 감정과 사랑 이야기이지만 전체의 흐름은 말 한마디와 잠깐의 선택이 엄청난 결말의 차이를 만드는 것으로 설정된다. 반면 감독이 설정한 제목은 과거의 선택은 잘못되었지만 당시는 틀렸다고 인식하지 못했다는 회고로도 읽힌다. 사회를 바라보는 사람의 인식은 시간이 지나 바뀔 수 있으므로 당시의 관행은 잘못되었다 혹은 그 방정식은 틀렸다고 충분히 이야기할 수 있다. 그것은 현재의 변화된 인식이 현재를 바로 서게 하고 미래의 잘못을 예방할 수 있기 때문이다. 여기서 우리는 미래의 우리가 현재의 판단이 틀렸다고 평가하는 것에서 자유로울 수 있느냐는 질문을 던지게 된다. 물론 답은 다양할 것이다. 다만 한 가지 분명한 것은 어떤 시점에서든 올바르고 공정한 공론이 형성되어 있으면 우리의 후회는 줄어들 것이다. 공론이라는 것은 모두가 긍정하고 도움이 되는 것을 목표로 하고 있다. 따라서 다양한 인식은 존중되어야 하고 상호이해를 위한 노력이 선행되어야 함을 다시 한번 강조드린다.

하늘을 향한 관심은 한국 사회 전반에도 확산되고 있다. 무엇보다도 방산분야에 있어 한국형 전투기가 개발되고 우리가 만든 훈련기와 공격기가 해외 수출되면서부터 국민들의 관심이 항공분야에 집중되기 시작했다. 또한 좋은 평판의 국내기업이 항공우주 비즈니스 조직을 보강하고 투자를 늘림에 따라 국민들은 항공우주분야의 경제적 효과를 체감하게 되었다. 과거 동맹국 미국과 협업에 의존하던 항공기 관련 산업과 항공우주연구원 등 제한된 연구기관 중심의 우주연구 활동을 지금과 비교하면 눈에 띄는 총체적 발전을 보이고 있다. 더 나아가 2024년부터 항공우주청이 신설된 것은 국가가 항공우주산업을 미래의 동력으로 활용할 수 있는 기틀을 마련한 것으로 평가된다. 이 시점에 독자나 국민들에게 필자가 이해를 요청드리는 부분이 있다. 시대가 발전하면서 국가가 정치활동을 통해 확보하려는 국가안보는 군사 분야뿐만 아니라 경제, 사회, 환경까지를 포함하는 것으로 정의되고 있다. 따라서 한국의 국가안보를 확보하기 위해서는 항공우주분야에 있어 군사적 우위의 다양한 플랫폼 개발, 신경제동력으로서 항공우주 비즈니스 확장, 사회의 훌륭한 항공우주 인재 육성, 청결하고 안전한 우주환경 유지를 위한 거버넌스 확립 등에 국민적 관심과 지지가 있어야 한다는 것이다. 필자가 2019년 미 산타모니카에 위치한 랜드 연구소 방문연구원으로 있을 때 박사과정 학생들과 미국의 어떤 지역을 우주여행의 거점지역으로 조성하고 국제적 협력은 어떻게 진행할 것인가를 수업을 통해 토의하고, 로스앤젤레스 시청과 단기적인 프로젝트를 진행한 적이 있었다. 관련 업무를 진행하는 내내 한국의 모습이 떠올랐다. 우리가 우주분야에서 미국을 단시간 내에 따라잡을 수 없을 것이며 우리의 신속한 성장을 위해서는 그들과의 우선적인 협조가 더 필요할 수 있다. 하지만 한국 국민은 인내할 줄 알고 마음만 먹으면 무엇이든 해내는 국민들이다. 빠른 시기에 우주강국으로 우뚝 서는 한국의 모습을 그려보며 항공우주분야에 대한 국민들의 전폭적인 지지와 사랑을 부탁드려 본다.